dtv

Unser Treffpunkt mit dem Leben ist da, wo wir uns gerade befinden. Thich Nhât Hanh kommentiert in diesem Buch zwei zentrale buddhistische Sutren. ›Das Sutra der Kenntnis des besseren Weges, alleine zu leben‹ ist die früheste Lehre Buddhas über das Leben in der Gegenwart. »Alleine leben« heißt achtsam leben: Die Vergangenheit und Zukunft loszulassen und tief zu schauen, um die wahre Natur dessen, was in diesem Moment stattfindet, zu entdecken. Wenn wir erkennen, wie wir alleine leben sollen, können wir mit den Menschen und der Gesellschaft in echter Verbindung stehen, und wir wissen, was wir tun und was wir lassen sollen. ›Das Sutra der acht Verwirklichungen der großen Wesen‹ ist ein eingängiger und wirksamer Ansatz zur Meditation. Der weise, sanfte Zenmeister zeigt, wie diese zentralen Sutren der Mahayana-Tradition uns helfen können, unsere Lebenswirklichkeit tiefgreifend zu verstehen.

Thich Nhât Hanh wurde Mitte der 20er Jahre in Zentralvietnam geboren. Er genießt als Meditationslehrer, Dichter und führender Vertreter eines engagierten Buddhismus weltweit hohes Ansehen. Seine sanfte, mitfühlende Art der Vermittlung buddhistischer Lehren, sein Verständnis der westlichen Psyche und sein unermüdliches Eintreten für Frieden und soziale Gerechtigkeit haben ihn weit über buddhistische Kreise hinaus bekannt gemacht. Er lebt seit Jahren im Exil in Frankreich in der von ihm gegründeten spirituellen Gemeinschaft »Plum Village«. Er ist Autor zahlreicher Bücher u. a.: ›Das Wunder der Achtsamkeit‹ (1988), ›Mit dem Herzen verstehen‹ (1989), ›Die fünf Pfeiler der Weisheit‹ (1995), ›Nimm das Leben ganz in deine Arme‹ (1997).

Thich Nhât Hanh

Unsere Verabredung mit dem Leben

Mit Fotos von Peter Hinreiner

Deutscher Taschenbuch Verlag

Ungekürzte Ausgabe
Juli 1999
2. Auflage Dezember 2000
Deutscher Taschenbuch Verlag GmbH & Co. KG,
München
www.dtv.de

Titel der amerikanischen Originalausgaben:
Our Appointment With Life. The Buddha's Teaching on Living in the Present
und
The Sutra on the Eight Realizations of the Great Beings
erschienen bei Parallax Press

ISBN 3-85936-053-1
Umschlagkonzept: Balk & Brumshagen
Umschlaggestaltung: © Artpool, München
Umschlagfoto: © IFA-Bilderteam
Satz: Fotosatz Reinhard Amann, Aichstetten
Gesetzt aus der Bembo Antiqua
Druck und Bindung: C. H. Beck'sche Buchdruckerei,
Nördlingen
Gedruckt auf säurefreiem, chlorfrei gebleichtem Papier
Printed in Germany · ISBN 3-423-36145-X

Buddhas Lehre vom Leben im gegenwärtigen Augenblick

Übersetzung und Kommentar zu

›Das Sutra der Kenntnis des besseren Weges, allein zu leben‹

und

›Das Sutra der acht Verwirklichungen der großen Wesen‹

Übertragen aus dem Amerikanischen
von Petra Mecklenburg

Inhalt

Das Sutra der Kenntnis des besseren Weges, allein zu leben

»Unsere Verabredung mit dem
Leben findet im gegenwärtigen
Augenblick statt.
Und der Treffpunkt ist genau da,
wo wir uns gerade befinden.«

Erster Teil

Die Sutren

Das Sutra von Thera, dem Älteren
Theranamo Sutta*

Das Folgende hörte ich den Buddha sagen, als er einmal im Kloster im Jeta-Hain in der Stadt Sravasti weilte. Zu jener Zeit gab es einen Mönch namens Thera (der Ältere), der es vorzog, stets allein zu sein. Bei jeder Gelegenheit pries er die Praxis des Alleinlebens. Er ging allein, um Almosen zu erbitten, und meditierte allein.

Einmal kam eine Gruppe von Bhikkhus zum Buddha; sie erwiesen ihm ihre Ehrerbietung, indem sie sich zu seinen Füßen niederwarfen; dann traten sie zur Seite, setzten sich in einiger Entfernung nieder und sagten: »Erhabener, es gibt einen älteren Mönch namens Thera, der immer allein sein will. Stets preist er das Alleinleben. Er geht allein ins Dorf um Almosen betteln, kehrt allein aus dem Dorf zurück und sitzt allein in Meditation.«

Der Buddha beauftragte einen der Bhikkhus: »Bitte geh zu Thera und sag ihm, daß ich ihn sehen möchte.«

Der Bhikkhu tat, wie ihm geheißen. Als der Mönch Thera den Wunsch des Buddha vernahm, kam er unverzüg-

* Aus dem Chinesischen übersetzt

lich, warf sich zu Füßen des Buddha nieder, trat zur Seite und setzte sich in einiger Entfernung. Dann fragte der Erhabene den Mönch Thera: »Ist es wahr, daß du es vorziehst, allein zu sein, ein Leben in Einsamkeit zu preisen, allein um Almosen zu betteln, allein aus dem Dorf zurückzukommen und allein in Meditation zu sitzen?«

Der Mönch Thera antwortete: »So ist es, Erhabener.«

Darauf fragte Buddha den Mönch Thera: »Wie lebst du allein?«

Der Mönch Thera antwortete: »Ich lebe allein; niemand anders lebt mit mir. Ich preise das Alleinsein. Ich gehe allein um Almosen betteln, und ich kehre allein aus dem Dorf zurück. Ich sitze allein in Meditation. Das ist alles.«

Der Buddha unterwies den Mönch folgendermaßen: »Es ist offensichtlich, daß dir das Alleinleben zusagt. Ich will dir das nicht absprechen, aber ich möchte dir doch sagen, daß es einen ganz hervorragenden Weg gibt, allein zu sein. Das ist der Weg der eingehenden Betrachtung, der offenbart, daß die Vergangenheit nicht mehr und die Zukunft noch nicht ist, und der es uns ermöglicht, in aller Muße im gegenwärtigen Augenblick zu weilen, frei von Begehren. Wenn ein Mensch so lebt, gibt es in seinem Herzen kein Zögern. Er gibt alle Ängste und jedes Bedauern auf, läßt alle bindenden Begehren los und durchtrennt die Fesseln, die ihn daran hindern, frei zu sein. Diesen Weg nennt man ›den besseren Weg, allein zu leben‹. Keinen wunderbareren Weg als diesen gibt es, allein zu leben.«

Dann rezitierte der Erhabene das folgende Gatha:

Das Leben eingehend betrachtend,
ist es möglich, alles, was ist, klar zu sehen.
Von nichts versklavt,
ist es möglich, von allen Begierden abzulassen.
Das Ergebnis ist ein Leben voller Freude
und Frieden.
Das heißt, wirklich allein zu leben.

Diese Worte des Buddha beglückten den Mönch Thera außerordentlich. Voller Ehrfurcht warf er sich vor dem Buddha nieder und ging dann seines Weges.

Aus dem Agamas (Samyukta 1071). Die Entsprechung im Pali Kanon ist das Theranamo Sutta (Samyutta Nikaya 21.20)

Das Sutra der Kenntnis des besseren Weges, allein zu leben*
Bhaddekaratta Sutta

Die folgenden Worte des Buddha hörte ich, als er einmal im Kloster im Jeta-Hain in der Stadt Sravasti weilte. Er rief alle Mönche zu sich und unterwies sie: »Bhikkhus!«

Und die Bhikkhus antworteten: »Hier sind wir!«

Und der Erhabene lehrte: »Ich werde euch lehren, was es heißt, den ›besseren Weg kennen, allein zu leben‹. Ich werde mit einem Überblick über die Lehre beginnen und dann eine detaillierte Erläuterung geben. Bhikkhus, hört bitte aufmerksam zu.«

»Erhabener, wir hören dich.«

Der Buddha lehrte:

Laufe nicht der Vergangenheit nach.
Verliere dich nicht in der Zukunft.
Die Vergangenheit ist nicht mehr.
Die Zukunft ist noch nicht gekommen.
Das Leben, wie es hier und jetzt ist,
eingehend betrachtend
weilt der Übende
in Festigkeit und Freiheit.
Es gilt, uns heute zu bemühen.
Morgen ist es schon zu spät.
Der Tod kommt unerwartet.

* Aus dem Pali übersetzt

Wie können wir mit ihm handeln?
Der Weise nennt jemanden, der es versteht,
Tag und Nacht
in Achtsamkeit zu weilen,
›jemanden, der
den besseren Weg kennt, allein zu leben‹.

Bhikkhus, was meinen wir mit ›der Vergangenheit nachlaufen‹? Wenn jemand sich Gedanken darüber macht, wie sein Körper in der Vergangenheit war, wie seine Gefühle in der Vergangenheit waren, wie seine Wahrnehmungen in der Vergangenheit waren, wie die Objekte seines Geistes in der Vergangenheit waren, wie sein Bewußtsein in der Vergangenheit war; wenn er über diese Dinge nachdenkt und seinen Geist mit diesen Dingen belastet und diesen Dingen verhaftet ist, die in die Vergangenheit gehören, dann läuft dieser Mensch der Vergangenheit nach.

Bhikkhus, was meinen wir mit ›nicht der Vergangenheit nachlaufen‹? Wenn jemand sich darüber Gedanken macht, wie sein Körper in der Vergangenheit war, wie seine Gefühle in der Vergangenheit waren, wie seine Wahrnehmungen in der Vergangenheit waren, wie die Objekte seines Geistes in der Vergangenheit waren, wie sein Bewußtsein in der Vergangenheit war; wenn er über diese Dinge nachdenkt, sein Geist jedoch weder versklavt noch diesen Dingen verhaftet ist, die in die Vergangenheit gehören, dann läuft dieser Mensch der Vergangenheit nicht nach.

Bhikkhus, was meinen wir mit ›sich in der Zukunft verlieren‹? Wenn jemand sich darüber Gedanken macht, wie sein Körper in der Zukunft sein wird, wie seine Gefühle in

der Zukunft sein werden, wie seine Wahrnehmungen in der Zukunft sein werden, wie die Objekte seines Geistes in der Zukunft sein werden, wie sein Bewußtsein in der Zukunft sein wird; wenn er über diese Dinge nachdenkt und seinen Geist belastet und mit Tagträumen von diesen Dingen beschäftigt ist, die in die Zukunft gehören, dann verliert sich dieser Mensch in der Zukunft.

Bhikkhus, was meinen wir mit ›sich nicht in der Zukunft verlieren‹? Wenn jemand sich darüber Gedanken macht, wie sein Körper in der Zukunft sein wird, wie seine Gefühle in der Zukunft sein werden, wie seine Wahrnehmungen in der Zukunft sein werden, wie die Objekte seines Geistes in der Zukunft sein werden, wie sein Bewußtsein in der Zukunft sein wird; wenn er über diese Dinge nachdenkt, sein Geist jedoch nicht damit belastet und mit Tagträumen von diesen Dingen beschäftigt ist, die in die Zukunft gehören, dann verliert sich dieser Mensch nicht in der Zukunft.

Bhikkhus, was ist gemeint mit ›von der Gegenwart hinweggespült werden‹? Wenn jemand nichts liest oder nichts lernt über den Erwachten oder über die Lehren der Liebe und der Weisheit oder über die Gemeinschaft, die in Harmonie und Achtsamkeit lebt; wenn dieser Mensch nichts über die edlen Lehrer und ihre Lehren weiß und diese Lehren nicht praktiziert und denkt: ›Dieser Körper, das bin ich. Ich bin dieser Körper. Diese Gefühle, das bin ich. Ich bin diese Gefühle. Diese Wahrnehmung, das bin ich. Ich bin diese Wahrnehmung. Dieses Geistesobjekt, das bin ich. Ich bin dieses Geistesobjekt. Dieses Bewußtsein, das bin ich. Ich bin dieses Bewußtsein‹, dann wird dieser Mensch von der Gegenwart hinweggespült.

Bhikkhus, was ist gemeint mit ›von der Gegenwart nicht hinweggespült werden‹? Wenn jemand über den Erwachten liest oder lernt, über die Lehren der Liebe und der Weisheit oder die Gemeinschaft, die in Harmonie und Achtsamkeit lebt; wenn dieser Mensch die edlen Lehrer und ihre Lehren kennt und diese Lehren praktiziert und nicht denkt: ›Dieser Körper, das bin ich. Ich bin dieser Körper. Diese Gefühle, das bin ich. Ich bin diese Gefühle. Diese Wahrnehmung, das bin ich. Ich bin diese Wahrnehmung. Dieses Geistesobjekt, das bin ich. Ich bin dieses Geistesobjekt. Dieses Bewußtsein, das bin ich. Ich bin dieses Bewußtsein‹, dann wird dieser Mensch nicht von der Gegenwart hinweggespült.

Bhikkhus, damit habe ich euch einen Überblick und eine detaillierte Erläuterung gegeben, was es heißt, den besseren Weg zu kennen, allein zu leben.«

So lehrte der Buddha, und die Bhikkhus waren erfreut, seine Lehre zu praktizieren.

Bhaddekaratta Sutta (Majjhima Nikaya 131)

Zweiter Teil

Der Gegenstand der Sutren

Zu Buddhas Lebzeiten gab es einen Bhikkhu namens Ekavihariya, der gern allein lebte. Sein Name bedeutet wörtlich »Ein(s) *(eka)* Leben *(vihariya)*«. Möglicherweise erhielt er diesen Ordinationsnamen, weil er so viel Gelassenheit ausstrahlte und so gut Achtsamkeit praktizierte. Der Buddha pries ihn einmal mit folgendem kurzen Gatha:

> Allein sitzend, allein ruhend,
> allein umhergehend, frei von Trägheit;
> wer tiefe Einsicht
> in die Wurzeln des Leidens hat,
> genießt großen Frieden,
> wenn er in Einsamkeit weilt.

Dieses Gatha finden wir im *Dhammapada*. Der Mönch Ekavihariya wurde von seinen Mitmönchen sehr geliebt und geachtet. Einige von ihm verfaßte Gathas finden wir im *Theragatha* (Gedichte der älteren Mönche), Vers 537–546. In diesen Gedichten preist er die heitere Gelassenheit des Alleinlebens.

Noch einen anderen Mönch gab es mit Namen Thera (der Ältere), der ebenfalls gern allein lebte und das Leben in Abgeschiedenheit oft in hohen Tönen pries. Dieser Mönch jedoch wurde von den anderen Mönchen oder vom Buddha nicht gepriesen. Vielleicht hatte er irgendwo gehört, daß die Praxis des Alleinlebens lobenswert sei, und wollte nun deshalb das Alleinleben praktizieren. Aber er übte das Leben in Abgeschiedenheit nur der äußeren Form nach, und seine Mitmönche bemerkten, daß irgend etwas an seinem Tun nicht stimmig war. Sie berichteten dem Buddha von ihm, und der Buddha bat Thera, zu ihm zu kommen. Als Thera vor ihn kam, fragte ihn der Buddha: »Die Leute sagen, daß du gern allein lebst und die Übung der Abgeschiedenheit preist. Ist das wahr?«

Der Mönch antwortete: »Ja, Herr, das ist wahr.«

Der Buddha fragte weiter: »Wie sieht dein Alleinleben aus?«

Thera antwortete: »Ich gehe allein ins Dorf, um Almosen zu erbitten. Ich verlasse das Dorf allein, und ich kehre allein ins Kloster zurück. Ich nehme das Mittagsmahl allein ein. Ich praktiziere Sitzmeditation allein.«

Der Buddha sagte: »Mönch Thera, es ist wohl wahr, daß du allein lebst. Ich kann das nicht abstreiten. Aber ich möchte dir einen Weg zeigen, allein zu leben, der sehr viel angenehmer, sehr viel tiefer und sehr viel wunderbarer ist.«

Dann lehrte ihn der Buddha: »Laß los, was vergangen ist. Laß los, was noch nicht ist. Betrachte eingehend das Geschehen des gegenwärtigen Augenblicks, jedoch ohne ihm verhaftet zu sein. Das ist der wunderbarste Weg, allein zu leben.«

Dieses Gespräch, das dem ähnelt, das auf Seite 12 aus dem *Agamas (Samyukta 1071)* zitiert wird, ist dem *Theranamo Sutta (Samyutta Nikaya 21.20)* entnommen.

Ich glaube, daß der Mönch Thera, nachdem er die Unterweisung des Buddha erhalten hatte, seine Art des Alleinlebens änderte. Der Buddha lehrte, daß Im-gegenwärtigen-Augenblick-leben der Weg ist, allein zu leben. Wenn jemand keine Achtsamkeit für den gegenwärtigen Augenblick aufbringen kann, wird er oder sie nicht einmal allein sein, wenn er oder sie sich im tiefsten Wald befindet. Wenn aber jemand achtsam im gegenwärtigen Augenblick lebt, weder die Vergangenheit bedauernd noch sich um die Zukunft sorgend, weiß er oder sie, wie man das, was im gegenwärtigen Augenblick geschieht, betrachtet und versteht. Ich glaube, daß der Bhikkhu Thera dies verstanden und auch in die Praxis umgesetzt hat, nachdem der Buddha es ihn gelehrt hatte.

Der Titel des ersten Sutra, *Theranamo*, bedeutet ›Der, der Thera heißt‹. Thera war wahrscheinlich nicht der Ordinationsname dieses Mönchs. Thera bedeutet einfach »älter« oder »der Ältere«. Es ist gut möglich, daß die anderen Mönche Thera respektvoll den Älteren nannten und nicht bei seinem eigentlichen Namen, nachdem Buddha ihn in diesem Sutra unterwiesen hatte.

Wie der Buddha lehrt, lebt jemand, der den besseren Weg kennt, allein zu leben, nicht notwendigerweise von der Gesellschaft isoliert. Sich von der Gesellschaft absondern und abgeschieden im Wald leben ist keine Garantie dafür, daß man wirklich allein ist. Wenn wir weiterhin in die Vergangenheit schweifen, uns um die Zukunft sorgen oder uns in den Zerstreuungen des Augenblicks verlieren, können wir niemals allein sein. Jemand, der den besseren Weg des Alleinlebens kennt, kann auch innerhalb der Gesellschaft so leben.

Dies wird auch im *Migajala Sutta (Samyutta Nikaya 35, 63–64)* sehr deutlich zum Ausdruck gebracht. Zu jener

Zeit hielt sich der Buddha in Campa am Seeufer auf. Ein Mönch namens Migajala kam zu ihm. Er hatte bereits von der Lehre vom besseren Weg des Alleinlebens gehört und kam, um vom Buddha mehr darüber zu erfahren.

Der Buddha unterwies Migajala folgendermaßen: »Die Formen und Bilder, die die Objekte unserer Wahrnehmung sind, können angenehm und genußvoll sein und in unserer Erinnerung haften und Sehnsucht und Begehren auslösen. Wenn ein Mönch ihnen verhaftet ist, ist er an sie gebunden; dann ist er nicht allein. Er ist stets in Begleitung.«

Der Ausdruck »in Begleitung sein« ist eine Übersetzung von *sadutiyavihari*. Er bezeichnet das Gegenteil von »allein leben«. Als Buddha dieses Wort benutzte, meinte er damit jedoch nicht, sich in Begleitung anderer Menschen zu befinden. Er meinte, daß ein Mönch, der irgendwelchen Objekten, und seien es nur Objekte des Geistes, verhaftet ist, mit diesen Objekten lebt. Der Buddha fuhr fort: »Und in der Tat, Migajala, wenn ein Mönch durch solche Fesseln gebunden ist, selbst wenn er tief im Wald lebt, an einem abgeschiedenen Ort, weit entfernt von anderen Menschen und ohne irgendwelche Störungen von außen, so lebt er immer noch mit anderen. Warum? Weil er die Fesseln, die ihn binden, immer noch nicht abgeworfen hat. Es sind dann diese Fesseln, mit denen er lebt.«

Buddha lehrte Migajala, daß ein Mensch, der den besseren Weg kennt, allein zu leben, jemand ist, der ein Leben ohne Zwang führt, der nicht an innere Formationen gebunden ist, die ihre Wurzeln in den Objekten seiner sechs Sinne haben, das heißt in Form, Klang, Geruch, Geschmack, Berührung und den Objekten des Geistes.

Der Buddha schloß: »Migajala, wenn ein Mönch so lebt, und sei es mitten in einem Dorf, sei es unter Mönchen, Nonnen oder Laien, am Königshofe oder unter hohen Beamten oder unter denen, die einen anderen Weg praktizieren: er wird stets jemand bleiben, der den besseren Weg kennt, allein zu leben. Man kann von ihm sagen, daß er allein lebt, weil er sich von allen Verhaftungen befreit hat.«

Bei einer anderen Gelegenheit rief der Buddha die Mönche im Park des Anathapindika zusammen und lehrte sie das Gatha, das die wesentlichen Aspekte des besseren Weges, allein zu leben, zusammenfaßt. Das ist Gegenstand des *Bhaddekaratta Sutta (Sutra der Kenntnis des besseren Weges, allein zu leben)*. Dieser Vers erfuhr weite Verbreitung und findet sich auch in vielen anderen Sutren. Im *Madhyamagama* des chinesischen Kanons gibt es drei Sutren, die dieses Gatha zitieren. Das erste ist das *Sutra vom Gott der heißen Waldquellen* (Nr. 165), wo dieser Vers viermal zitiert wird. Das zweite ist das *Shakyan Sutra* (Nr. 166), wo das Gatha dreimal zitiert wird. Das dritte Sutra ist das *Von Ananda gesprochene Sutra* (Nr. 167), in dem das Gatha einmal zitiert wird.

Im Pali Kanon bin ich auf vier Sutras mit dem *Bhaddekaratta Gatha* gestoßen, alle im *Majjhima Nikaya*. Das erste ist das *Bhaddekaratta Sutra* (M 131). Das zweite ist das *Ananda-Bhaddekaratta Sutra* (M 132), das dem *Von Ananda gesprochenen Sutra* entspricht. Das dritte ist das *Mahakaccana-Bhaddekaratta Sutra* (M 133), das dem *Sutra vom Gott der heißen Waldquellen* entspricht. Das vierte ist das *Lomasakangiya-Bhaddekaratta Sutra* (M 134)[1], das dem *Shakyan Sutra* entspricht.

Die Kenntnis des besseren Weges, allein zu leben ist im Buddhismus ein wichtiges Thema. Es wirft Licht auf das

Wesentliche des erleuchteten Lebens wie es Buddha lehrte: Vergangenheit und Zukunft loslassen und achtsam leben, um eingehende Betrachtung zu üben und die wahre Natur all dessen, was im gegenwärtigen Augenblick geschieht, zu entdecken. Außer in den oben erwähnten vier Pali Suttas und drei chinesischen Sutren wird das Thema des Alleinlebens an vielen anderen Stellen des Kanons erwähnt (obwohl das *Bhaddekaratta Gatha* nicht verwendet wird). Zum Beispiel ist es Thema der *Theranamo* und *Migajala Sutren,* die wir weiter oben zitiert haben.

Die Begriffe *ekavihari* (einer, der allein lebt) und *sadutiyavihari* (einer, der in Begleitung lebt) im *Migajala Sutta* sind leicht zu verstehen und anzunehmen. Der Begriff *bhaddekaratta* dagegen ist schwierig zu übersetzen. Dharmanandi, der das *Samyuktagama* ins Chinesische übersetzte, hat dieses zusammengesetzte Wort nicht verstanden; er hat es einfach in chinesische Schriftzeichen übertragen und es als Titel des Gatha verwendet.[2]

Einige buddhistische Meister der südlichen Tradition interpretieren *ekaratta* als »eine Nacht« und übersetzen *Bhaddekaratta* mit »Eine gute Nacht zum Meditieren«. Nach dem Inhalt des Sutra zu urteilen ist diese Übersetzung meiner Ansicht nach nicht richtig. *Bhadda* heißt »gut« oder »ideal«. *Eka* heißt »ein(s)« oder »alleine«. *Ratta* bedeutet »mögen«. Der zeitgenössische buddhistische Gelehrte Bhikkhu Nanananda übersetzt den Titel mit »Der ideale Liebhaber der Abgeschiedenheit«. Nach reiflicher Überlegung glaube ich, daß »Die Kenntnis des besseren Weges, allein zu leben« der ursprünglichen Bedeutung des Sutra näher kommt.

Mit dem Gatha »Die Kenntnis des besseren Weges, allein zu leben« faßte Buddha zusammen, was er die Mönche Thera und Migajala gerade gelehrt hatte. Der Buddha las dieses Gatha den Mönchen des Klosters Jetavana vor und kommentierte es später für sie. Die einleitenden Abschnitte des Sutra schildern die Umstände, unter denen das Sutra »Die Kenntnis des besseren Weges, allein zu leben« vom Buddha an die Mönche weitergegeben wurde.

An dem Tag war der Kreis der Zuhörer des Buddha beschränkt auf die Mönche, die sich gerade im Kloster Jetavana aufhielten. Wegen der Bedeutung des Themas erfuhren dann aber auch anderswo lebende Mönche und Nonnen nach und nach von dem Gatha »Die Kenntnis des besseren Weges, allein zu leben«. In dem *Sutra vom Gott der heißen Waldquellen* heißt es: »Zu jener Zeit hielt sich der Buddha in Rajagriha im Kloster Venuvana auf. Im nahe gelegenen Wald lebte der Mönch Samiddhi. Eines Morgens nach einem Bad in der heißen Quelle legte Samiddhi gerade sein Gewand an, als ein herrlicher Gott erschien, sich vor ihm niederwarf und ihn fragte, ob er jemals von dem Gatha »Die Kenntnis des besseren Weges, allein zu leben« gehört und es praktiziert habe. Der Gott sagte: »Ehrwürdiger Samiddhi, du solltest den Buddha bitten, uns dieses Gatha zu lehren, damit wir es in die Praxis umsetzen können. Ich habe gehört, daß dieses Gatha den Kern der Lehre Buddhas enthält, daß es die Grundlage des erleuchteten Lebens ist, und daß es den Übenden zu erwachtem Verstehen und *Nirvana* führen kann.« Nachdem der Gott gesprochen hatte, legte er seine Handflächen aneinander und umschritt den Mönch dreimal im Uhrzeigersinn, um ihm seine Ehrerbietung zu zeigen.

Also begab sich der Mönch Samiddhi zum Buddha. Nachdem er sich vor dem Erwachten niedergeworfen hatte, berichtete er ihm von seiner Begegnung mit dem Gott und bat den Buddha, ihn das Gatha »Die Kenntnis des besseren Weges, allein zu leben« zu lehren. Buddha fragte Samiddhi, ob er wisse, wer der Gott sei. Als Samiddhi dies verneinte, nannte Buddha ihm den Namen des Gottes und sagte ihm, daß er aus dem dreiunddreißigsten Himmel komme. Dann baten Samiddhi und die anwesenden Mönche den Buddha erneut, sie das Gatha zu lehren. Buddha rezitierte für sie:

Laufe nicht der Vergangenheit nach.
Verliere dich nicht in der Zukunft.
Die Vergangenheit ist nicht mehr.
Die Zukunft ist noch nicht gekommen.
Das Leben, wie es hier und jetzt ist,
eingehend betrachtend,
weilt der Übende
in Festigkeit und Freiheit.
Es gilt, uns heute zu bemühen.
Morgen ist es schon zu spät.
Der Tod kommt unerwartet.
Wie können wir mit ihm handeln?
Der Weise nennt jemanden, der es versteht,
Tag und Nacht
in Achtsamkeit zu weilen,
›jemanden, der
den besseren Weg kennt, allein zu leben‹.

Nachdem er das Gatha rezitiert hatte, stand der Buddha auf und zog sich in seine Klause zurück, um zu meditieren. Die Mönche, einschließlich Samiddhi, hätten aber gern eine Erläuterung zu dem Gatha gehört, und so gingen sie zu Kaccana dem Älteren, einem der älteren Schüler des Buddha, sagten ihm das Gatha auf und fragten ihn, ob er bereit sei, es zu kommentieren. Der Mönch Kaccana war bekannt dafür, viele hervorragende Eigenschaften zu haben. Der Buddha pries ihn oft wegen seiner Intelligenz, und die Mönche dachten, er werde sicher in der Lage sein, eine erhellende Erläuterung zu geben. Zuerst zögerte Kaccana. Er schlug den Mönchen vor, sich direkt an den Buddha zu wenden, damit der Kommentar vom Lehrer selbst käme. Aber als die Bhikkhus nicht locker ließen, erklärte er sich schließlich doch bereit, ihnen das Gatha zu erläutern. Dieser Kommentar des Älteren ist im wesentlichen der Inhalt des *Sutra vom Gott der heißen Waldquellen*.

Nachdem er das Gatha erläutert hatte, riet der Ältere den Mönchen, den Buddha selbst bei Gelegenheit zu bitten, es zu erläutern, denn seine eigene Einsicht könne niemals so tief sein wie die Einsicht des Erwachten.

Die Bhikkhus, unter ihnen auch Samiddhi, sprachen erneut beim Buddha vor und wiederholten ihm die Erläuterung des Gatha »Die Kenntnis des besseren Weges, allein zu leben«, die sie von Kaccana gehört hatten. Der Buddha begann, indem er den Älteren lobte: »Hervorragend. Unter meinen Schülern gibt es welche, die die Bedeutung des Dharma verstehen und wissen, worauf es ankommt. Wenn der Lehrer ein Gatha rezitiert und keine Gelegenheit hat, es zu kommentieren, so müssen die Schüler das Gatha in seiner Bedeutung durchdringen und eine umfassendere Erläuterung der Lehre geben. Kaccana der Ältere ist einer der ältesten Schüler. Der Kommentar, den er euch gegeben hat, erfaßt die Bedeutung des Gatha und entspricht der Wahrheit. Ihr solltet ihn benutzen und in eure Praxis integrieren.«

Dieser Austausch fand statt in Rajagriha, der Hauptstadt von Magadha, am linken Gangesufer. Die nachfolgend geschilderte Begebenheit ereignete sich weiter nördlich, in der Stadt Sravasti, der Hauptstadt des Königreiches Kosala, am rechten Gangesufer. Die Begebenheit wird im *Shakyan Sutra* geschildert.

Die Shakyan-Einsiedelei war von Angehörigen der Shakyan-Sippe in den Bergen unweit von Sravasti errichtet worden. Diese Einsiedelei hieß auch »Keine Probleme« oder »In Frieden«. Zu jener Zeit weilte der Bhikkhu Lomasakangiya in der Einsiedelei. Eines Nachts, kurz vor Tagesanbruch, begab er sich vor die Einsiedelei und breitete ein Tuch über eines der Feldbetten unter den Bäumen aus. Kaum hatte er im Lotussitz auf dem Bett Platz genommen, erschien ein herrlicher Gott, warf sich vor ihm nieder und fragte ihn, ob er das Gatha »Die Kenntnis des besseren Weges, allein zu leben« kenne und ob er jemals einen Kommentar dazu gehört habe. Der Mönch seinerseits stellte dem Gott dieselbe Frage, und der Gott antwortete, ja, er habe das Gatha gehört, jedoch noch keine Gelegenheit gehabt, den Kommentar zu hören, der die tiefere Bedeutung des Gatha erkläre. Der Ältere fragte: »Wie kommt es, daß du das Gatha, nicht aber den Kommentar gehört hast?«

Der Gott erklärte, daß er einmal, als der Buddha in Rajagriha weilte, den Buddha das Gatha hatte rezitieren hören, aber der Buddha habe keinen Kommentar dazu gegeben. Dann rezitierte der Gott das Gatha und riet dem Mönch, den Buddha zu bitten, es zu kommentieren. Das Gatha in diesem Sutra ist identisch mit dem *Sutra vom Gott der heißen Waldquellen.*

Danach begab sich der Bhikkhu Lomasakangiya zum Buddha und berichtete ihm, was geschehen war. Zu jener Zeit weilte der Buddha im Kloster Jetavana in Sravasti. Nachdem er den Bericht vernommen hatte, sagte Buddha zu Lomasakangiya, der Name des Gottes, der ihm erschienen wäre, sei Candana (Sandelholz) gewesen und er käme aus dem dreiunddreißigsten Himmel. Dann bat Bhikkhu Lomasakangiya den Buddha, das Gatha zu erläutern.

An jenem Tag waren viele Bhikkhus anwesend. Der Kommentar des Buddha zu dem Gatha ist die Essenz des *Shakyan Sutra (Madhya-magama 166, das dem Lomasakangiya-Bhaddekaratta,* Nr. 134 im *Majjhima Nikaya* entspricht). Wie wir gesehen haben, gibt es eine zweite chinesische Version dieses Sutra, die von Dharmapala übersetzt wurde und den Titel *Sutra der großen Verehrung* trägt. Ein Vergleich der beiden Sutren ist sehr interessant und kann uns helfen, viele Einzelheiten der Geschichte zu verstehen.

Das letzte Sutra, das ich zitieren werde, ist das *Von Ananda gesprochene Sutra.* Diese Lehrrede hat der Buddha in Sravasti gehalten. Eines Nachts bat der ehrwürdige Ananda die Mönche, sich in der großen Dharma-Halle des Klosters Jetavana zu versammeln, und rezitierte und erläuterte das Gatha »Die Kenntnis des besseren Weges, allein zu leben«.

In der Frühe des folgenden Tages suchte einer der Bhikkhus den Buddha auf und berichtete ihm von Anandas Dharma-Rede. Das Sutra berichtet nichts davon, daß der Bhikkhu einen Mangel an Vertrauen in den ehrwürdigen Ananda geäußert habe, sondern lediglich, daß der Buddha, nachdem er von der Dharma-Rede gehört hatte, den Bhikkhu fortschickte, Ananda zu bitten, sich zu ihnen zu gesellen. Als Ananda sich beim Buddha einfand, fragte ihn der Buddha: »Stimmt es, daß du das Gatha ›Die Kenntnis des besseren Weges, allein zu leben‹ gestern abend rezitiert und darüber eine Lehrrede gehalten hast?«

Ananda erwiderte, ja, das stimme, und der Buddha fragte: »Kannst du es für mich rezitieren und mir deinen Kommentar dazu sagen?«

Nachdem Ananda das Gatha rezitiert und dem Buddha seine Erläuterung wiederholt hatte, stellte der Buddha Ananda noch einige weitere Fragen. Als er Anandas Antworten hörte, pries er ihn und sagte: »Hervorragend! Unter meinen Schülern gibt es welche, die die Einsicht haben, das Wesentliche der Lehren zu erfassen!«

Buddha pries Ananda ebenso, wie er Kaccana gepriesen hatte. An jenem Tag waren viele Bhikkhus anwesend, unter ihnen der Bhikkhu, der dem Buddha von Anandas Dharma-Rede berichtet hatte. Vielleicht sprach der Buddha jene Worte, um den Mönchen zu versichern, daß der ehrwürdige Ananda eine ebenso solide Einsicht in das Dharma hatte wie Kaccana und daß die Bhikkhus Anandas Lehren in ihre Praxis integrieren könnten. Der Hauptteil des *Von Ananda gesprochenen Sutra*[3] besteht aus den Antworten, die Ananda auf die Fragen des Buddha gab.

Dritter Teil

Die praktische Umsetzung der Lehre des Buddha

Weder Welt noch Gesellschaft ablehnen

Allein leben heißt nicht, Welt und Gesellschaft ablehnen. Der Buddha hat gesagt, allein leben heiße, im gegenwärtigen Augenblick weilen und tief in das gegenwärtige Geschehen schauen. Wenn wir das tun, werden wir nicht in die Vergangenheit gezogen oder in Gedanken über die Zukunft verwickelt. Der Buddha hat gesagt, wenn wir nicht im gegenwärtigen Augenblick leben können, dann sind wir nicht einmal wirklich allein, wenn wir im tiefsten Wald allein sind. Und er hat weiter gesagt: Wenn wir dagegen im gegenwärtigen Augenblick voll und ganz lebendig sind, dann kann man von uns sagen, wir lebten allein, selbst wenn wir in einer Stadt unter vielen Menschen leben.

Buddhistische Meditierende wissen, wie wichtig das Üben in einer Gemeinschaft ist. Darauf bezieht sich der Satz: »Ich nehme Zuflucht zum Sangha.« Ein vietnamesisches Sprichwort sagt: »Suppe ist für eine Mahlzeit, was Freunde für die Übungspraxis sind.« Mit einer Gemeinschaft in Berührung sein, von den anderen lernen, in einer Gemeinschaft Zuflucht suchen, das sind alles sehr wichtige

Dinge. Es gilt, den Weg, allein zu leben, in einer Gemeinschaft von Übenden zu entdecken.

Der Mönch Thera gehörte einer Gemeinschaft von Übenden an, aber er war entschlossen, allein zu leben. Er glaubte an die Idee eines Lebens in der Einsamkeit, weil er einmal gehört hatte, wie der Buddha die Praxis des Alleinlebens pries. Also hielt er zu jedermann Abstand. Er bettelte allein um Almosen, er kehrte allein zurück, er aß allein und er meditierte allein. Er war wie ein Tropfen Öl in einer Schale Wasser, unfähig, sich unter seine Mitübenden zu mischen. Deswegen glaubten die anderen Bhikkhus, irgend etwas stimme nicht mit ihm, und sie verliehen dieser Besorgnis dem Buddha gegenüber Ausdruck.

Der Buddha war sehr wohlwollend. Er tadelte Thera nicht. Er zeigte einfach, daß Theras Weg, allein zu leben, nicht der beste Weg war, so zu leben. Da gerade viele andere Mönche zugegen waren, ergriff der Buddha die Gelegenheit, Thera den besseren Weg, allein zu leben, zu lehren – einen Weg, der es immer noch erlaubt, im Sangha der Bhikkhus zu leben, von den anderen zu lernen und bei ihnen Zuflucht zu suchen.

Es gab auch Bhikkhus, die genau das Gegenteil von Thera waren, die immer in Grüppchen zusammenkamen, um ihre Zeit schwatzend und spaßend zu vertun. Ihre Unterhaltungen drehten sich nicht um die Lehren, und der Buddha ermahnte sie immer wieder. Durch alle Sutren ziehen sich Geschichten, in denen der Buddha die Bhikkhus unterweist oder tadelt, die sich laut und undiszipliniert verhalten, die nicht wissen, wie sie Körper und Geist unter Kontrolle halten können, die nicht wissen, wie sie ihre Zeit mit Geh- und Sitzmeditation und mit eingehender Betrachtung des

Gegenwärtigen nützlich verbringen können. Das *Nagita Sutta (Anguttara Nikaya V 30, VI 42, VIII* 86) ist eine der Lehrreden, in denen der Buddha über dieses Thema spricht. (Im chinesischen Kanon; siehe Nr. 1250 und 1251 des *Samyuktagama.*)

Als ich ins Kloster eintrat, gab mir mein Meister ein Exemplar des Buches *Worte der Disziplin des Meisters Quy Son.* Nie werde ich die Worte vergessen, mit denen Meister Quy Son die Übenden tadelt, die sich nach dem Mittagessen in Grüppchen zusammenfinden und über bedeutungslose Dinge reden. Oft sind Quy Sons Ratschläge mir wieder in den Sinn gekommen und haben als Ermahnung gedient.

Wenn wir in einer Gemeinschaft von Übenden leben, sollte es immer mindestens ein oder zwei Menschen geben, die als Vorbilder dienen. Manchmal brauchen wir sie nur zu beobachten, wie sie in Achtsamkeit stehen, gehen, sprechen oder lächeln, um uns in unserer eigenen Praxis wieder bestärkt zu fühlen. Die Tatsache, daß wir »den besseren Weg, allein zu sein, kennen«, hindert uns nicht daran, die Gegenwart solcher Menschen zu genießen und davon zu profitieren. Ganz im Gegenteil, gerade weil wir »den besseren Weg kennen, allein zu leben«, können wir sie eingehend betrachten und schätzen.

In Berührung sein heißt nicht einfach, mit dem anderen reden. Wenn wir zum Beispiel in Berührung sind mit dem blauen Himmel oder mit den weißen Wolken, der grünen Wiese oder der Rose, kommunizieren wir mit ihnen nicht nur in Worten. Wir erkennen diese Dinge, wir nehmen sie an und fühlen ihre Wärme. Zutrauen erwacht in uns, und wir lernen viel aus ihrer Gegenwart. So können wir auch das dritte Juwel, die Gemeinschaft der Übenden, nutzen.

Wenn wir »den besseren Weg, allein zu leben« praktizieren und den größten Teil unserer Zeit damit verbringen, schweigend Geh- und Sitzmeditation zu üben, wird unsere Gegenwart einen wirklichen Beitrag zur Gemeinschaft leisten. Anders als beim Mönch Thera oder den Mönchen, die sich nach den Mahlzeiten zusammenfinden, um über Nebensächlichkeiten zu reden, erhöht jeder Schritt, den wir tun, die Qualität und Stabilität der Gemeinschaftspraxis. Wir sind dann wie Shariputra, Kashyapa, Badhya oder Kimbila – alles Schüler des Buddha. Wenn er uns sieht, wird der Buddha zufrieden sein und lächeln. Der Buddha weiß, daß die Lebensqualität in der Gemeinschaft ganz außerordentlich sein wird, wenn jeder einzelne in der Gemeinschaft den Weg, allein zu leben, kennt. Wenn alle Mitglieder der Gemeinschaft zu dieser Qualität beitragen, ruht die Gemeinschaft auf tragfähigem Grund, und viele Menschen können davon profitieren. Allein leben heißt achtsam leben. Es heißt nicht, sich von der Gesellschaft abzusondern. Wenn wir den besseren Weg kennen, allein zu leben, können wir mit den Menschen und der Gesellschaft wirklich in Berührung sein. Dann werden wir wissen, was wir zum Nutzen der Gemeinschaft zu tun haben.

Wie Alleinleben das spirituelle Leben bereichert

Wenn wir in Unachtsamkeit leben, wenn wir uns in der Vergangenheit oder Zukunft verlieren, wenn wir uns erlauben, von unseren Begierden, unserer Wut und unserem Nichtwissen hin und her gerissen zu werden, sind wir nicht in der Lage, jeden Augenblick unseres Lebens tief zu erleben. Wir werden nicht in Berührung sein mit dem, was im gegenwärtigen Augenblick geschieht, und unsere Beziehungen zu anderen werden seicht und oberflächlich.

Es gibt Tage, an denen fühlen wir uns vielleicht leer, erschöpft und freudlos; Tage, an denen wir nicht eigentlich wir selber sind. An solchen Tagen werden alle Bemühungen fehlschlagen, wenn wir versuchen, mit anderen in Berührung zu sein. Je mehr wir es versuchen, desto mehr werden wir scheitern. Wenn dies geschieht, sollten wir aufhören zu versuchen, mit dem, was außerhalb unserer selbst ist, in Berührung zu kommen und statt dessen wieder mit uns selber, mit dem »Alleinsein« in Berührung kommen. Wir sollten die Tür zur Gesellschaft schließen, wieder zu uns kommen, bewußtes Atmen üben, dabei eingehend beobachten, was in uns und um uns vorgeht. Wir akzeptieren alle Phänomene, die wir beobachten, begrüßen sie mit einem »Hallo« und einem Lächeln. Wir tun an solchen Tagen gut daran, ganz einfache Dinge zu tun, wie achtsame Geh- oder Sitzmeditation, achtsam Wäsche waschen, den Boden wischen, Tee zubereiten und das Badezimmer putzen. Wenn wir diese Dinge tun, werden wir wieder Zugang zum Reichtum unseres spirituellen Lebens finden.

Der Buddha war jemand, der ein erwachtes Leben führte und auf entspannte und stetige Art ohne Unterlaß im gegenwärtigen Augenblick weilte. Er strahlte einen nie versiegenden Reichtum aus – einen Reichtum an Freiheit, Freude, Verstehen und Liebe. Ob er auf einem Felsvorsprung des Geiergipfels saß, im Schatten der Bambushaine des Klosters Venuvana oder unter dem Strohdach seiner Hütte in Jetavana: Buddha war Buddha, voller Ruhe und Gelassenheit, zufrieden und sparsam mit Worten. Es war für jedermann sichtbar, daß seine Gegenwart viel zur Harmonie der Gemeinschaft beitrug. Er war die Hauptsäule der Gemeinschaft. Für die Mönche und Nonnen bedeutete allein das Wissen darum, daß er in der Nähe war, einen tätigen Einfluß auf die Gemeinschaft. Viele Schüler des Buddha, einschließlich Hunderter von älteren Schülern, erweckten in denen, die sie beobachteten, ähnliche Zuversicht. König Prasenajit aus Kosala sagte einmal zum Buddha, was ihm soviel Vertrauen in den Buddha gebe, sei die gelassene, ruhige und freudvolle Lebensweise der Mönche und Nonnen, die unter seiner Anleitung praktizierten.

Wenn wir achtsam leben, sind wir nicht mehr arm, denn unsere Praxis, im gegenwärtigen Augenblick zu leben, macht uns reich an Freude, Frieden, Weisheit und Liebe. Selbst wenn wir jemandem begegnen, der arm im Geiste ist, können wir ihn oder sie eingehend betrachten und die Tiefen dieses Menschen entdecken und ihm oder ihr wirksam helfen.

Wenn wir einen unzuträglichen Film anschauen oder

einen schlechten Roman lesen, während wir bereits arm an Herz und Geist und schwach in unserer Achtsamkeit sind, kann uns dieser Film oder dieses Buch verwirren und uns sogar noch ärmer machen. Aber wenn wir reich an Achtsamkeit sind, werden wir entdecken, was in den Tiefen dieses Filmes oder dieses Romans liegt. Vielleicht sind wir dann in der Lage, ganz tief in die innere Welt des Menschen zu schauen, der den Film gemacht oder den Roman geschrieben hat. Durch die Augen eines Literatur- oder Filmkritikers schauend können wir Dinge sehen, die die meisten Menschen nicht sehen, und selbst ein schlechtes Buch oder ein schlechter Film können uns dann etwas lehren. Deshalb macht es uns dann nicht arm, wenn wir diesen Roman lesen oder diesen Film anschauen. Wenn wir jede Einzelheit des gegenwärtigen Augenblicks achtsam wahrnehmen, kann alles uns nützen. Das ist der bessere Weg, allein zu leben.

Innere Formationen

Das Gatha »Die Kenntnis des besseren Weges, allein zu leben« beginnt mit der Zeile: »Laufe nicht der Vergangenheit nach.« Der »Vergangenheit nachlaufen« heißt bedauern, was bereits gewesen und wieder vergangen ist. Wir bedauern den Verlust der schönen Dinge in der Vergangenheit, die wir in der Gegenwart nicht mehr haben können. Der Buddha hat diese Zeile folgendermaßen kommentiert: »Wenn jemand darüber nachdenkt, wie sein Körper in der Vergangenheit war, wie seine Gefühle in der Vergangenheit waren, wie seine Wahrnehmungen in der Vergangenheit waren, wie die Objekte seines Geistes in der Vergangenheit waren, wie sein Bewußtsein in der Vergangenheit war, wenn er so denkt und einem Geist Tür und Tor öffnet, der von diesen Dingen versklavt ist, die in die Vergangenheit gehören, dann läuft dieser Mensch der Vergangenheit nach.«

Buddha hat gelehrt, daß wir der Vergangenheit nicht nachlaufen sollen, weil »die Vergangenheit nicht mehr ist«. Wenn wir in Gedanken über die Vergangenheit verloren sind, verlieren wir die Gegenwart. Leben existiert nur im gegenwärtigen Augenblick. Die Gegenwart verlieren heißt das Leben verlieren. Die Botschaft des Buddha ist sehr klar: Wir müssen uns von der Vergangenheit verabschieden, damit wir in die Gegenwart zurückkehren können. In die Gegenwart zurückkehren heißt, mit dem Leben in Berührung zu sein.

Welche Dynamik in unserem Bewußtsein zwingt uns, zurückzuschauen und mit den Bildern der Vergangenheit zu leben? Diese Kräfte setzen sich aus inneren Formationen (Sanskrit: *Samyojana)* zusammen, geistige Faktoren, die in uns aufsteigen und uns binden. Dinge, die wir sehen, hören, riechen, schmecken, berühren, vorstellen oder denken, können allesamt solche inneren Formationen aufsteigen lassen – Begierden, Gereiztheit, Wut, Verwirrung, Angst, Befürchtungen, Verdächtigungen und so weiter. Innere Formationen liegen in den Tiefen des Bewußtseins eines jeden von uns.

Innere Formationen beeinflussen unser Bewußtsein und unser tagtägliches Verhalten. Sie lassen uns Dinge denken, sagen und tun, deren wir uns vielleicht nicht einmal bewußt sind. Weil sie uns dergestalt zwingen, werden sie auch Fesseln genannt, denn sie binden uns an ein bestimmtes Handeln.

Die Kommentare nennen für gewöhnlich neun Arten innerer Formationen: Begierden, Haß, Stolz, Unwissenheit, unbeugsame Ansichten, Anhaften, Argwohn, Eifersucht und Eigensucht. Unter diesen ist die fundamentale innere Formation die der Unwissenheit, des Mangels an Klarsicht. Unwissenheit ist der Stoff, aus dem auch all die anderen inneren Formationen gemacht sind. Obwohl es neun innere Formationen gibt, steht die innere Formation der »Begierden«, die stets an erster Stelle aufgeführt wird, häufig stellvertretend für alle inneren Formationen. Im *Kaccana-Bhaddekaratta* erklärt der Mönch Kaccana:

> Meine Freunde, was ist damit gemeint: »in der Vergangenheit weilen«? Jemand denkt: »Früher waren meine Augen so und die Form (mit der meine Augen in Berührung waren) war so.« Und indem er dies denkt, ist er an Begierden gebunden. An Begierden gebunden wie er ist, empfindet er ein Gefühl der Sehnsucht. Dieses Gefühl der Sehnsucht hält ihn in der Vergangenheit fest.

Kaccanas Kommentar könnte uns auf den Gedanken bringen, daß die einzige innere Formation, die einen in der Vergangenheit hält, die Begierde ist. Aber wenn Kaccana »Begierde« sagt, benutzt er diese stellvertretend für die Gesamtheit der inneren Formationen – Haß, Argwohn,

Eifersucht und so weiter. All diese binden uns und halten uns in der Vergangenheit fest.

Manchmal brauchen wir nur den Namen von jemandem zu hören, der uns in der Vergangenheit Unrecht getan hat, und unsere inneren Formationen aus jener Zeit bringen uns automatisch in die Vergangenheit zurück, und wir durchleben das Leiden erneut. In der Vergangenheit sind sowohl schmerzliche als auch glückliche Erinnerungen zu Hause. Von der Vergangenheit absorbiert sein ist ein Weg, für den gegenwärtigen Augenblick tot zu sein. Es ist nicht einfach, die Vergangenheit fallen zu lassen und zum Leben im gegenwärtigen Augenblick zurückzukehren. Wenn wir dies versuchen, müssen wir dem Sog der inneren Formationen in uns widerstehen. Wir müssen lernen, unsere inneren Formationen zu transformieren, damit wir frei sind, unsere Aufmerksamkeit auf den gegenwärtigen Augenblick zu lenken.

Die Gegenwart besteht auch aus der Vergangenheit

Die Gegenwart enthält die Vergangenheit. Wenn wir verstehen, wie unsere inneren Formationen in uns Konflikte verursachen, können wir sehen, wie die Vergangenheit in den gegenwärtigen Augenblick eingebettet ist, und dann werden wir nicht länger von der Vergangenheit überwältigt. Als der Buddha sagte: »Lauft nicht der Vergangenheit nach«, meinte er damit: »Laßt euch nicht von der Vergangenheit überwältigen.« Er meinte damit nicht, daß wir aufhören sollten, die Vergangenheit eingehend zu betrachten. Wenn wir die Vergangenheit mit eingehender Betrachtung vor unserem inneren Auge vorbeiziehen lassen, sind wir fest in der Gegenwart verankert und werden nicht von der Vergangenheit überwältigt. Das Material der Vergangenheit, das die Gegenwart geformt hat, tritt klar zutage, wenn es sich in der Gegenwart ausdrückt. Wir können von diesem Material lernen. Wenn wir es eingehend betrachten, können wir zu einem neuen Verständnis dieses Materials gelangen. Wir nennen dies »etwas Altes noch einmal anschauen, um etwas Neues zu lernen«.

Wenn wir wissen, daß die Vergangenheit auch in der Gegenwart liegt, verstehen wir, daß wir die Vergangenheit ändern können, indem wir die Gegenwart verwandeln. Die Geister der Vergangenheit, die uns in die Gegenwart hinein verfolgen, gehören auch in den gegenwärtigen Augenblick. Sie eingehend betrachten, ihre Natur erkennen und sie umwandeln heißt die Vergangenheit umwandeln. Die Geister der Vergangenheit sind äußerst real. Sie sind die inneren Formationen in uns, die manchmal ruhig schlafen, während sie zu anderen Zeiten plötzlich erwachen und eine große Kraft entwickeln.

Im Buddhismus gibt es den Sanskritbegriff *Anusaya. Anu* bedeutet »zusammen mit«. *Saya* bedeutet »niederliegen«. Wir könnten Anusaya mit »latenter Tendenz« übersetzen. Die inneren Formationen sind immer in uns, aber sie liegen schlafend in den Tiefen unseres Bewußtseins. Wir nennen sie Geister, aber sie sind durchaus gegenwärtig und wirklich. In der buddhistischen Vijnanavada-Lehre sind die *Anusaya* die Samen, die im *Alaya*-Bewußtsein jedes Menschen

lagern. Ein wesentlicher Aspekt der Beobachtungsmeditation ist die Fähigkeit, die *Anusaya* zu erkennen, wenn sie sich manifestieren, sie mit tiefem Schauen zu beobachten und sie umzuwandeln.

Verliert euch nicht in der Zukunft

Manchmal lenken wir unsere Aufmerksamkeit, weil die Gegenwart so schwierig ist, auf die Zukunft, in der Hoffnung, daß sich die Lage in der Zukunft bessern wird. Wenn wir uns vorstellen, daß die Zukunft besser wird, fällt es uns leichter, das Leid und die Not der Gegenwart zu ertragen. Zu anderen Zeiten wiederum mag uns der Gedanke an die Zukunft sehr ängstigen, und doch können wir es nicht lassen, daran zu denken. Der Grund, warum wir an die Zukunft denken, selbst wenn wir dies gar nicht wollen, ist das Vorhandensein der inneren Formationen. Obwohl sie noch nicht eingetroffen ist, produziert die Zukunft doch bereits Gespenster, die uns verfolgen. Eigentlich werden diese Gespenster aber weder von der Zukunft noch von der Vergangenheit produziert. Es ist unser Bewußtsein, das sie erschafft. Die Vergangenheit und die Zukunft sind Schöpfungen unseres Bewußtseins.

Die Energien hinter unserem Denken an die Zukunft sind unsere Hoffnungen, Träume und Ängste. Unsere Hoffnungen können das Ergebnis unserer Leiden und Fehlschläge sein. Weil die Gegenwart freudlos ist, erlauben wir unserem Geist, in die Zukunft zu schweifen. Wir hoffen, daß unsere Lage in der Zukunft besser sein wird: »Wenn jemand darüber nachdenkt, wie sein Körper in der Zukunft sein wird, wie seine Gefühle in der Zukunft sein werden, wie die Objekte seines Geistes in der Zukunft sein werden, wie sein Bewußtsein in der Zukunft sein wird ...« So zu denken, kann uns den Mut geben, Versagen und Leiden in der Gegenwart anzunehmen. Der Dichter Tru Vu hat einmal gesagt, die Zukunft sei das Vitamin der Gegenwart. Hoffnung bringt uns einige der verlorenen Freuden des Lebens zurück.

Wir alle wissen, daß Hoffnung lebensnotwendig ist. Aber nach der buddhistischen Lehre kann Hoffnung auch ein Hindernis sein. Wenn wir unseren Geist in die Zukunft investieren, werden wir nicht genügend geistige Energie haben, um die Gegenwart zu konfrontieren und umzuwandeln. Selbstverständlich steht es uns frei, Pläne für die Zukunft zu schmieden, aber Pläne für die Zukunft schmieden heißt nicht, sich von Tagträumen hinreißen zu lassen. Während wir Pläne machen, stehen wir mit beiden Beinen fest in der Gegenwart. Wir können die Zukunft nur aus dem Rohmaterial der Gegenwart bauen.

Die wesentliche Lehre des Buddhismus ist, frei von allen Begierden für die Zukunft zu sein, um mit unserem ganzen Herzen und Geist in die Gegenwart kommen zu können. Das Erwachen verwirklichen heißt, zu einer tiefen und umfassenden Einsicht in die Wirklichkeit, wie sie im gegenwärtigen Augenblick existiert, zu gelangen. Damit wir in die Gegenwart zurückkehren und dem, was geschieht, von Angesicht zu Angesicht gegenübertreten können, müssen wir tief in das Herz dessen, was ist, schauen und seine wahre Natur erfahren. Wenn wir dies tun, wird uns das tiefe Verstehen zuteil, das uns vom Leiden und von der Dunkelheit erlösen kann.

Gemäß der buddhistischen Lehre sind sowohl Hölle als auch Paradies, *Samsara* und *Nirvana*, im gegenwärtigen Augenblick da. In den gegenwärtigen Augenblick zurückkehren heißt, das Leben entdecken und die Wahrheit erkennen. All jene, die bisher erwacht sind, sind im gegenwärtigen Augenblick erwacht. Und ebenso werden all jene, die jetzt und in Zukunft erwachen, das Erwachen ebenfalls in der Gegenwart verwirklichen. Nur der gegenwärtige Augenblick ist wirklich: »Die Vergangenheit ist nicht mehr, und die Zukunft ist noch nicht.«

Wenn wir nicht fest im gegenwärtigen Augenblick verankert sind, kann es uns geschehen, daß wir uns ungeerdet fühlen, wenn wir in die Zukunft schauen. Vielleicht fürchten wir dann, in der Zukunft allein zu sein, ohne Zuflucht und ohne jemanden, der uns hilft. »Wenn jemand darüber nachdenkt, wie sein Körper in der Zukunft sein wird, wie seine Gefühle in der Zukunft sein werden, wie die Objekte seines Geistes in der Zukunft sein werden, wie sein Bewußtsein in der Zukunft sein wird ...« Solche Sorgen um Zukünftiges bringen Unbehagen, Angst und Furcht mit sich, und sie helfen uns überhaupt nicht, uns dem gegenwärtigen Augenblick zuzuwenden. Sie verwirren uns lediglich und entziehen uns Kraft, die wir brauchen, um mit der Gegenwart umzugehen. Ein konfuzianisches Sprichwort besagt, daß ein Mensch, der nicht weiß, wie er die ferne Zukunft planen kann, von der nahen Zukunft leicht beunruhigt und überrollt wird. Dies soll uns daran erinnern, uns um die Zukunft zu kümmern, aber nicht, uns um sie zu sor-

gen und zu ängstigen. Die beste Art, uns auf die Zukunft vorzubereiten ist, uns gut um den gegenwärtigen Augenblick zu kümmern, wissen wir doch, daß, wenn die Gegenwart aus der Vergangenheit besteht, die Zukunft aus der Gegenwart besteht. Alles, worum wir uns zu kümmern haben, ist der gegenwärtige Augenblick. Nur die Gegenwart liegt in unserer Reichweite. Uns um die Gegenwart kümmern heißt, uns um die Zukunft kümmern.

Vergangenheit und Zukunft liegen beide in der Gegenwart

Wenn wir an die Vergangenheit denken, steigen vielleicht Gefühle des Bedauerns oder der Scham auf. Wenn wir an die Zukunft denken, steigen vielleicht Wünsche oder Ängste hoch. Aber all diese Gefühle steigen im gegenwärtigen Augenblick hoch, und sie alle wirken sich auf den gegenwärtigen Augenblick aus. Und meist machen sie uns weder glücklich noch bringen sie uns Freude. Wir müssen lernen, uns diesen Gefühlen zu stellen. Das Wichtigste, was wir uns merken müssen ist, daß sowohl die Vergangenheit als auch die Zukunft in der Gegenwart liegen, und daß wir, wenn es uns gelingt, den gegenwärtigen Augenblick zu ergreifen, gleichzeitig die Vergangenheit und die Zukunft umwandeln.

Wie können wir die Vergangenheit umwandeln? Vielleicht haben wir in der Vergangenheit etwas gesagt oder getan, was zerstörerisch oder verletzend war, und nun bedauern wir es. In der buddhistischen Psychologie ist Bedauern eine »unbestimmte Emotion«. Das heißt, daß sie sowohl konstruktiv als auch destruktiv sein kann. Wenn wir wissen, daß etwas, was wir gesagt oder getan haben, jemanden verletzt hat, kann uns dies reumütig machen, und wir geloben, in Zukunft denselben Fehler nicht noch einmal zu machen. In diesem Fall haben unsere Gefühle des Bedauerns eine heilsame Wirkung. Wenn jedoch das Gefühl des Bedauerns uns verfolgt, wenn es uns daran hindert, uns auf irgend etwas anderes zu konzentrieren und allen Frieden und jede Freude aus unserem Leben vertreibt, dann hat das Gefühl des Bedauerns eine unzuträgliche Wirkung.

Wenn Bedauern unzuträglich wird, sollten wir zunächst einmal unterscheiden, ob die Ursache etwas ist, was wir gesagt oder getan haben, oder etwas, was wir zu tun oder zu sagen unterlassen haben. Wenn wir in der Vergangenheit etwas Zerstörerisches gesagt oder getan haben, können wir dies einen »Ausführungsfehler« nennen. Wir haben etwas mit mangelnder Achtsamkeit gesagt oder getan, und es hat jemanden verletzt. Manchmal begehen wir einen »Unterlassungsfehler«. Wir verletzten dadurch, daß wir nicht taten oder sagten, was zu tun oder zu sagen war, und dies hat uns Bedauern und Trauer gebracht. Unser Mangel an Achtsamkeit war da, und seine Ergebnisse sind immer noch gegenwärtig. Unser Schmerz, unsere Scham und unser Bedauern sind ein wichtiger Teil dieses Ergebnisses. Wenn wir die Gegenwart eingehend betrachten und ergreifen, können wir sie umwandeln. Wir tun dies durch Achtsamkeit, Entschlossenheit und rechtes Handeln und rechte Rede. All diese finden im gegenwärtigen Augenblick statt. Wenn wir so die Gegenwart umwandeln, verwandeln wir auch die Vergangenheit und bauen gleichzeitig an der Zukunft.

Wenn wir sagen, alles sei verloren, alles sei bereits zerstört oder das Leiden sei ja bereits geschehen, sehen wir nicht, daß die Vergangenheit zur Gegenwart geworden ist. Selbstverständlich ist das Leiden schon verursacht, und die Wunde dieses Leidens kann sogar unsere Seele berühren, aber anstatt über unser vergangenes Handeln zu jammem oder darunter zu leiden, sollten wir uns der Gegenwart annehmen und sie umwandeln. Die Spuren einer schlimmen Dürre können nur durch reichlich strömenden Regen verwischt werden, und Regen kann nur im gegenwärtigen Augenblick fallen.

Buddhistische Reue gründet auf dem Verständnis, daß unrechtes Tun seinen Ursprung im Geist hat. Es gibt ein Gatha zum Thema Reue:

> Alles Unrecht hat seinen Ursprung im Geist.
> Wenn der Geist verwandelt wird, wie kann dann
> Unrecht bleiben?
> Nach der Reue ist mein Herz leicht
> wie eine Wolke, die unbeschwert am Himmel
> dahinsegelt.

Aus Mangel an Achtsamkeit, weil unser Geist von Begierden, Wut und Eifersucht verdunkelt wurde, haben wir Unrecht getan. Das ist gemeint mit: »Alles Unrecht hat seinen Ursprung im Geist.« Wenn aber das Unrecht aus unserem Geist kam, kann es auch im Geist umgewandelt werden. Wenn unser Geist verwandelt wird, werden auch die von unserem Geist wahrgenommenen Objekte umgewandelt. Eine solche Umwandlung ist möglich, wenn wir wissen, wie wir in den gegenwärtigen Augenblick zurückkommen können. Wenn wir unseren Geist erst einmal umgewandelt haben, wird unser Herz so leicht wie eine dahinsegelnde Wolke, und wir werden eine Quelle von Frieden und Freude für uns selbst und andere. Gestern noch, vielleicht aus Torheit oder Wut, haben wir etwas gesagt, was unsere Mutter traurig machte. Aber heute ist unser Geist verwandelt und unser Herz leicht, und wir können sehen, wie unsere Mutter uns anlächelt, selbst wenn sie nicht mehr lebt. Wenn wir in uns selbst lächeln können, kann unsere Mutter auch mit uns lächeln.

Wenn wir die Vergangenheit verwandeln können, können wir auch die Zukunft verwandeln. Unsere Ängste und Sorgen um die Zukunft verdüstern die Gegenwart. Es besteht kein Zweifel, daß dann auch die Zukunft düster sein wird, denn wir wissen, daß die Zukunft aus der Gegenwart besteht. Sich der Gegenwart anzunehmen, ist der beste Weg, sich der Zukunft anzunehmen. Manchmal machen wir uns solche Sorgen darüber, was morgen geschehen könnte, daß wir uns die ganze Nacht schlaflos im Bett herumwälzen. Dann sorgen wir uns darüber, daß wir am nächsten Tag müde und nicht in der Lage sein werden, unser Bestes zu geben, wenn wir nachts nicht schlafen. Je mehr wir uns sorgen, desto schwieriger wird es einzuschlafen. Unsere Sorgen und Ängste um die Zukunft zerstören die Gegenwart. Wenn wir aber aufhören, uns um morgen zu sorgen und einfach ruhig im Bett liegen und unserem Atem folgen, die Gelegenheit zur Ruhe, die wir haben, wirklich genießend, werden wir nicht nur die Augenblicke des Friedens und der Freude unter der warmen Decke genießen, sondern auch ziemlich leicht und natürlich einschlafen. Diese Art von Schlaf trägt sehr zum Erfolg des nächsten Tages bei.

Wenn wir hören, daß die Wälder unseres Planeten krank sind und sterben, haben wir vielleicht Angst. Wir sind wegen der Zukunft betroffen, weil uns bewußt ist, was im gegenwärtigen Augenblick geschieht. Unser Bewußtsein kann uns motivieren, etwas zu tun, um der Zerstörung unserer Umwelt Einhalt zu gebieten. Offensichtlich ist dieses Betroffensein wegen der zukünftigen Entwicklung etwas anderes als die Sorge und die Angst, die uns nur auslaugen. Wir müssen aber wissen, wie wir die Gegenwart von schönen, gesunden Bäumen genießen können, um in der Lage zu sein, etwas für ihren Schutz und ihren Erhalt zu tun.

Wenn wir eine Bananenschale auf den Abfall werfen, wissen wir, wenn wir achtsam sind, daß die Schale zu Kompost und in nur wenigen Monaten als Tomate oder Salat wiedergeboren wird. Wenn wir aber eine Plastiktüte auf den Abfall werfen, wissen wir dank unserer Achtsamkeit, daß eine Plastiktüte kaum in absehbarer Zeit zu einer Tomate oder einem Salat wird. Einige Arten von Müll brauchen vier- oder fünfhundert Jahre, um sich zu zersetzen. Atommüll braucht eine Viertelmillion Jahre, bevor er nicht mehr gefährlich ist und zerfällt. Wenn wir wach im gegenwärtigen Augenblick leben, uns aus ganzem Herzen um den gegenwärtigen Augenblick kümmern, werden wir nichts tun, was die Zukunft zerstört. Das ist der konkreteste Weg, etwas Konstruktives für die Zukunft zu tun.

In unserem Alltag produzieren wir vielleicht auch geistige Gifte, und diese Gifte zerstören nicht nur uns, sondern auch jene, die mit uns zusammen leben, in der Gegenwart wie auch in der Zukunft. Der Buddhismus spricht von drei Giften: Begierden, Haß und Unwissenheit. Zusätzlich gibt es noch andere Gifte, die sehr großen Schaden anrichten können: Eifersucht, Vorurteil, Stolz, Mißtrauen und Unbelehrbarkeit.

In unseren alltäglichen Beziehungen zu uns selbst, zu anderen und unserer Umgebung kann jedes dieser Gifte sich manifestieren, aufflackern und unseren Frieden und unsere Freude sowie auch den Frieden und die Freude derjenigen um uns zerstören. Diese Gifte können sich festsetzen und unseren Geist verschmutzen, was bittere Konsequenzen in der Zukunft nach sich zieht. Im gegenwärtigen Augenblick leben heißt also auch, diese Gifte anzunehmen und sich ihnen zu stellen, wenn sie auftauchen, sich manifestieren und zum Unbewußten zurückkehren, und Beobachtungsmeditation zu üben, um sie zu verwandeln. Das ist eine buddhistische Praxis. In der Gegenwart leben heißt aber auch, die schönen und kraftspendenden Dinge sehen, um sie zu nähren und zu schützen. Wenn wir uns den Dingen stellen und mit ihnen in Berührung sind, erfahren wir Glück. Und dieses Glück wiederum ist das Material, aus dem eine herrliche Zukunft geschmiedet wird.

Leben gibt es nur in der Gegenwart

In die Gegenwart zurückkommen heißt, mit dem Leben in Berührung sein. Leben ist nur möglich im gegenwärtigen Augenblick, denn »die Vergangenheit ist nicht mehr« und »die Zukunft ist noch nicht«. Buddhaschaft, Befrei-

ung, Erwachen, Freude, Friede und Glück können nur im gegenwärtigen Augenblick verwirklicht werden. Unsere Verabredung mit dem Leben findet immer im gegenwärtigen Augenblick statt. Und der Treffpunk unserer Verabredung ist genau da, wo wir uns gerade befinden.

Gemäß dem *Avatamsaka Sutra* sind Zeit und Raum nicht getrennt. Zeit ist aus Raum gemacht, und Raum ist aus Zeit gemacht. Wenn wir vom Frühling sprechen, denken wir für gewöhnlich an eine Zeit, aber Frühling ist auch Raum. Wenn in Europa Frühling ist, ist in Australien Winter.

Bei einer Teemeditation halten die Teilnehmer ihre Tassen in die Höhe, atmen und rezitieren das folgende Gatha:

> Diese Tasse Tee in meinen Händen –
> ein Symbol der Achtsamkeit.
> Mein Geist und mein Körper weilen
> ganz im Hier und Jetzt.

Wenn wir achtsam Tee trinken, üben wir, in den gegenwärtigen Augenblick zurückzukommen, um unser Leben jetzt zu leben. Wenn unser Geist und unser Körper vollständig im gegenwärtigen Augenblick weilen, können wir die dampfende Tasse Tee in ihrem Sosein ganz deutlich wahrnehmen. Wir erkennen sie als eines der Wunder der Existenz. In diesem Augenblick sind wir wirklich in Berührung mit der Tasse Tee. Nur in Augenblicken wie diesem ist Leben wirklich gegenwärtig.

Freude, Friede, Befreiung, Erwachen, Glück, Buddhaschaft, die Quelle – alles, wonach wir uns sehnen und was wir suchen, kann nur im gegenwärtigen Augenblick gefunden werden. Den gegenwärtigen Augenblick verlassen, um diese Dinge in der Zukunft zu suchen, heißt die Substanz fortwerfen und sich am Schatten festhalten. Im Buddhismus wird »Absichtslosigkeit« *(Apranihita)* als ein Weg gelehrt, der dem Übenden helfen soll, nicht mehr der Zukunft nachzujagen und ganz und gar in die Gegenwart zurückzukehren. Absichtslosigkeit wird manchmal auch Wunschlosigkeit genannt und gilt als eine der »drei Türen zur Befreiung«. (Die anderen beiden sind Leere und Zeichenlosigkeit.) Wenn wir davon ablassen können, der Zukunft nachzujagen, können wir erkennen, daß all die herrlichen Dinge, die wir erstreben, bereits in diesem Augenblick in uns sind. Das Leben ist nicht ein bestimmter Ort oder ein Ziel. Das Leben ist ein Weg. Gehmeditation praktizieren ist gehen, ohne anzukommen. Jeder Schritt kann uns Freude, Frieden und Befreiung bringen. Das ist der Grund, warum wir im Geiste der Absichtslosigkeit gehen. Es gibt keinen Weg zur Befreiung, zur Freude, zum Frieden; Freude und Frieden selbst sind der Weg. Unsere Verabredung mit dem Buddha, mit der Befreiung und mit dem Glück findet hier und jetzt statt. Wir sollten diese Verabredung nicht versäumen.

Der Buddhismus lehrt eine Art zu atmen, die uns befähigt, Körper und Geist eins werden zu lassen, um dem Leben von Angesicht zu Angesicht gegenübertreten zu können. Dies wird »Einssein von Körper und Geist« genannt. Deshalb übt jede(r) Meditierende zuerst das *Sutra des bewußten Atmens (Anapanasati Sutta).*

In den gegenwärtigen Augenblick zurückkehren heißt jedoch nicht, daß wir uns von dem, was gerade geschieht, hinreißen lassen. Das Sutra lehrt uns, das Leben eingehend zu betrachten, mit dem gegenwärtigen Augenblick in Berührung zu sein und sowohl das Leiden wie auch den Zauber des gegenwärtigen Augenblicks zu sehen. Aber wir müssen dies achtsam tun, einen hohen Grad der Bewußtheit aufrechterhaltend, um nicht von Begierden oder Abneigung gegen das, was im gegenwärtigen Augenblick geschieht, hingerissen oder darin verstrickt zu werden.

Das Leben, wie es hier und jetzt ist,
eingehend betrachtend,
weilt der Übende
in Festigkeit und Freiheit.

»Festigkeit und Freiheit« beziehen sich auf die Zufriedenheit und die Gelassenheit, die wir darin erfahren, uns nicht von irgend etwas, was immer es auch sein mag, hinreißen zu lassen. Festigkeit und Leichtigkeit sind zwei Charakteristika des *Nirvana.* Die Pali-Version dieses Verses gebraucht die beiden Begriffe *asamkuppam* und *asamhiram. Asamkuppam* heißt »standhaft, unerschütterlich, unbeweglich, unerregbar«. Sanghadeva übersetzt es mit »fest und unerschütterlich«. Dharmapala übersetzt es mit »stabil«. *Asamhiram* bedeutet wörtlich »nicht zusammengefaltet, nicht gezügelt, nicht gesammelt, sich von nichts hinreißen lassend«. Sanghadeva, Mönch und Übersetzer des *Madhyamagama,* übersetzte *asamhiram* mit »nicht-existierend« *(wu yu)* ins Chinesische, was nicht ganz richtig ist. Der Mönch Dharmapala in dem *Sutra des Älteren* übersetzte *asamhiram* mit »nicht gebunden«. »Gebunden« heißt hier »gefangen«. »Nicht gebunden« heißt hier also »nicht gefangen« oder »in Freiheit«.

Wenn wir mit dem Leben im gegenwärtigen Augenblick in Berührung sind, betrachten wir das, was ist, eingehend. In diesem Zustand können wir die vergängliche und selbstlose Natur all dessen, was ist, erkennen. Vergänglichkeit und Selbst-losigkeit sind nicht negative Aspekte des Lebens, sondern die Fundamente, auf denen das Leben aufbaut. Vergänglichkeit ist der unablässige Wandel aller Dinge. Ohne Vergänglichkeit kann es kein Leben geben. Selbstlosigkeit bezieht sich auf die gegenseitige Verwobenheit aller Dinge. Ohne gegenseitige Verwobenheit könnte nichts existieren. Ohne die Sonne könnten weder die Wolken, noch die Erde, noch die Tulpen sein. Wir sind oft traurig über die Vergänglichkeit und Selbst-losigkeit des Lebens, weil wir vergessen, daß Leben ohne Vergänglichkeit und Selbst-losigkeit gar nicht existieren könnte. Der Vergänglichkeit und Selbst-losigkeit gewahr sein nimmt uns jedoch nichts von der Freude am Leben. Ganz im Gegenteil macht diese Haltung unser Leben gesünder, stabiler und freier. Menschen leiden, weil sie die vergängliche und selbst-lose Natur der Dinge nicht sehen können. Sie halten das, was vergänglich ist, für dauerhaft und schreiben dem, was selbst-los ist, ein Selbst zu.

Wenn wir eine Rose eingehend betrachten, können wir ihre vergängliche Natur sehr deutlich sehen. Gleichzeitig können wir aber immer noch ihre Schönheit sehen und sie als Kostbarkeit schätzen. Weil wir ihre zarte und vergängliche Natur sehen, erscheint uns diese Blume vielleicht sogar noch schöner und wertvoller. Je vergänglicher etwas ist, desto schöner und wertvoller ist es – ein Regenbogen zum Beispiel, ein Sonnenuntergang, ein Cereus-Kaktus, der nur nachts blüht, eine Sternschnuppe. Als er die Sonne über dem Geiergipfel aufgehen sah, als er die Stadt Vesali oder ein Feld mit reifem, goldenen Reis ansah, schaute der Buddha die Schönheit all dieser Dinge und sprach Ananda davon.

Als der Buddha die vergängliche Natur dieser schönen Dinge, ihre Verwandlung und ihr Verschwinden tief schauend erlebte, verspürte er weder Schmerz noch Verzweiflung. Und auch wir, wenn wir die Vergänglichkeit und Selbst-losigkeit all dessen, was ist, eingehend betrachten, können Verzweiflung und Leiden überwinden und erfahren, wie kostbar die Wunder des alltäglichen Lebens sind – ein Glas klaren Wassers, eine kühlende Brise, ein Schritt, der leicht und in Freiheit getan wird. All dies sind wunderbare Dinge, obwohl sie vergänglich und selbst-los sind.

Leben ist Leiden, aber es ist gleichzeitig voller Wunder. Krankheit, Alter, Tod, Unfälle, Verhungern, Arbeitslosigkeit und Naturkatastrophen können wir nicht vermeiden. Aber wenn unser Verstehen sich vertieft und unser Geist sich befreit, können wir diese Dinge gelassen annehmen, und das Leiden wird allein dadurch sehr gelindert. Das heißt nicht, daß wir unsere Augen vor dem Leiden verschließen sollen. Indem wir mit dem Leiden in Berührung sind, erwecken und stärken wir unsere natürliche Fähigkeit, zu lieben und mitzufühlen. Leiden wird dann das Element, das unsere Liebe und unser Mitgefühl nährt, und so fürchten wir es nicht länger. Wenn unser Herz voller Liebe und Mitgefühl ist, werden wir durch unser Tun dazu beitragen, das Leiden anderer zu lindern.

Wenn die menschliche Rasse bisher fähig war, irgendeinen Fortschritt zu erzielen, so verdanken wir das unserem Herzen voller Liebe und Mitgefühl. Wir müssen von mitfühlenden Wesen lernen, wie wir die Praxis des tiefen Schauens entwickeln und anderen damit helfen können. Dann können andere von uns lernen, in der Gegenwart zu leben und die vergängliche und selbst-lose Natur all dessen, was ist, zu sehen. Diese Einsicht wird das Leiden lindern.

Aus Angst vor dem Unerwarteten führen viele Menschen ein Leben in Angst und Beschränkung. Niemand kann im voraus wissen, welches Unglück uns und unseren Lieben vielleicht zustoßen mag; aber wenn wir lernen, ein erwachtes Leben zu führen, jeden Augenblick unseres Lebens tief erlebend, denen, die uns nahestehen, liebevoll und verständnisvoll begegnend, dann wird es nichts zu bereuen geben, wenn uns oder ihnen etwas zustößt. Wenn wir im gegenwärtigen Augenblick leben, können wir mit den schönen, nährenden und heilenden Aspekten des Lebens in Berührung sein, die unsere Wunden heilen können. Dafür werden wir jeden Tag schöner, lebendiger und gesünder.

Ein Leben in Frieden, Freiheit und Freude

Ein Leben in tiefem Schauen im Einklang mit der Lehre des Buddha führen heißt, ein Leben des Friedens, der Freiheit und der Freude leben und vollkommene Befreiung erlangen. Das Gatha »Die Kenntnis des besseren Weges, allein zu leben« erinnert uns daran, daß wir den Tod nicht fliehen können und rät uns, uns heute zu bemühen und zu üben, denn morgen wird es zu spät sein. Der Tod kommt unerwartet und läßt nicht mit sich handeln. Wenn wir ein Leben führen, in dem wir das, was gegenwärtig ist, eingehend betrachten, lernen wir, in Freude und Frieden und in Freiheit und Festigkeit zu leben. Wenn wir in stetem Bemühen üben, werden die Freude, der Frieden und die Festigkeit jeden Tag wachsen, bis wir vollkommene Befreiung erlangt haben. Wo vollkommene Befreiung ist, schmerzt uns der Tod nicht länger.

Ein solches Leben wird sowohl denen, die wir lieben, als auch anderen Freude bringen. Festigkeit und Loslassen sind ebenfalls Elemente der Befreiung. Befreiung ist die Frucht tiefen Schauens, die uns die vergängliche und selbst-lose Natur all dessen, was ist, erkennen läßt. Indem wir eingehende Betrachtung üben, können wir den Tod besiegen, denn das Schauen der Vergänglichkeit kann uns zur Transzendenz der Grenzen zwischen Geburt und Tod führen. Wenn wir all das, was im Universum existiert und all jene, die uns nahestehen, eingehend betrachten und erkennen, können wir sehen, daß es nichts Ewiges und Unveränderliches gibt, das wir »Ich« oder »Selbst« nennen könnten.

Geburt und Tod transzendieren

Wir glauben oft, Geburt sei, wenn etwas, das vorher nicht existierte, zu existieren beginnt, und Tod beende die Existenz dessen, was existiert. Wenn wir die Dinge eingehend betrachten, sehen wir, daß diese Vorstellung über Geburt und Tod in vieler Hinsicht irrig ist. Kein Phänomen, welcher Art auch immer, kann aus dem Nichts in die Existenz kommen, und kein Phänomen, das existiert, kann zu Nichts werden. Die Dinge wandeln sich ohne Unterlaß. Die Wolke stirbt nicht, sie verwandelt sich in Regen. Der Regen wird nicht geboren: Er ist die verwandelte Form der Wolke und deren Fortsetzung. Blätter, ein Paar Schuhe, Freude und Trauer, sie alle unterstehen diesem Grundsatz: keine Geburt, kein Tod. Zu denken, nach unserem Tode existierten wir nicht mehr, ist eine eingeschränkte Sichtweise, die wir im Buddhismus die »nihilistische Sicht« nennen. Die enge Sicht, daß wir nach dem Tode weiterexistieren, ohne uns zu verändern, wird die »Sicht der Dauer« genannt. Die Realität transzendiert sowohl Dauer als auch Verlöschen.

Der Buddha hat uns gelehrt, die Elemente, aus denen unser Körper sich zusammensetzt, direkt zu schauen, um die Natur dieser Elemente zu erkennen und die Vorstellung eines »Selbst« zu transzendieren – sei es die Vorstellung eines dauernden, unzerstörbaren Selbst oder die Vorstellung eines Selbst, das nach unserem Tode ganz und gar ausgelöscht wird. Das Sutra sagt: »Jemand, der liest oder lernt über den Erwachten, über die Lehren der Liebe und des Verstehens, über die Gemeinschaft, die in Harmonie und Achtsamkeit lebt, der von edlen Lehrern und ihren Lehren weiß und diese Lehren praktiziert, wird nicht mehr denken: ›Dieser Körper, das bin ich. Ich bin dieser Körper. Diese Gefühle, das bin ich. Ich bin diese Gefühle. Diese Wahrnehmung, das bin ich. Ich bin diese Wahmehmung. Dieses Bewußtsein, das bin ich. Ich bin dieses Bewußtsein.‹ Dieser Mensch (geht dann nicht zurück in die Vergangenheit, denkt nicht in die Zukunft voraus und) wird von der Gegenwart nicht hinweggetragen.«

Die fünf Elemente, die zusammenkommen, um das zu formen, was wir Selbst nennen, sind Form (Körper), Gefühle, Wahrnehmungen, Geistobjekte und Bewußtsein. Wenn wir diese Elemente in ihrer Substanz schauen und ihre vergängliche und voneinander abhängige Natur erkennen, werden wir ganz einfach wissen, daß es keine Wesenheit gibt, die wir »Selbst« nennen können. Alle fünf Elemente befinden sich in ständiger Verwandlung. Sie werden niemals geboren und sterben nicht. Es gibt kein Element, das aus dem Nichts in die Existenz tritt, und kein Element, das aus der Existenz ins Nichts tritt. Das, was wir für das »Ich« halten, wird weder geboren noch stirbt es. Wir identifizieren das »Ich« nicht mit dem Körper, weder mit dem heranwachsenden noch mit dem verfallenden, noch mit den Gefühlen, die sich jeden Augenblick ändern. Desgleichen identifizieren wir uns nicht mit unseren Wahrnehmungen und unserem Bewußtsein. Wir sind an diese fünf Elemente weder gebunden noch von ihnen begrenzt. Wir sehen, daß, wenn diese Elemente tatsächlich weder geboren noch zerstört werden, der Tod seinen Schrecken verliert. Diese Einsicht macht es uns möglich, Geburt und Tod zu transzendieren.

Wenn das Sutra sich auf jemanden bezieht, der »im Einklang mit den Lehren der Edlen praktiziert«, ist damit jemand gemeint, der in der Gegenwart lebt und eingehende Betrachtung übt, um die vergängliche und selbst-lose Natur des Lebens zu erkennen. Der Buddha hat gelehrt, daß es gilt, »uns heute strebend zu bemühen, weil es morgen zu spät sein wird: Der Tod kommt unerwartet und läßt nicht mit sich handeln«. Durch eingehende Betrachtung können wir die geburt-lose und tod-lose Natur der Dinge erkennen, und es gibt dann nichts mehr, was uns ängstigen könnte, nicht einmal der Tod. Durch eingehende Betrachtung und Erkenntnis der Vergänglichkeit und Selbst-losigkeit falsche Vorstellungen über die Natur der Existenz durchschneiden heißt, Geburt und Tod überwinden. Wenn wir den Tod einmal überwunden haben, brauchen wir nicht länger »mit dem Tod zu handeln«. Wir können lächeln, den Tod an die Hand fassen und mit ihm spazierengehen.

Die Lebensweise, die wir das »Brahma-geleitete Leben« eines Mönches oder einer Nonne nennen, kann zur Erkenntnis der geburt- und tod-losen Natur all dessen, was ist, führen. Diese Erkenntnis ist die Substanz der Befreiung. Deshalb wird im *Kaccana-Bhaddekaratta Sutra* betont, daß die Praxis des Alleinlebens die Grundlage des Brahma-geleiteten Lebens eines Mönches oder einer Nonne ist. Es ist auch die Grundlage von unser aller Leben.

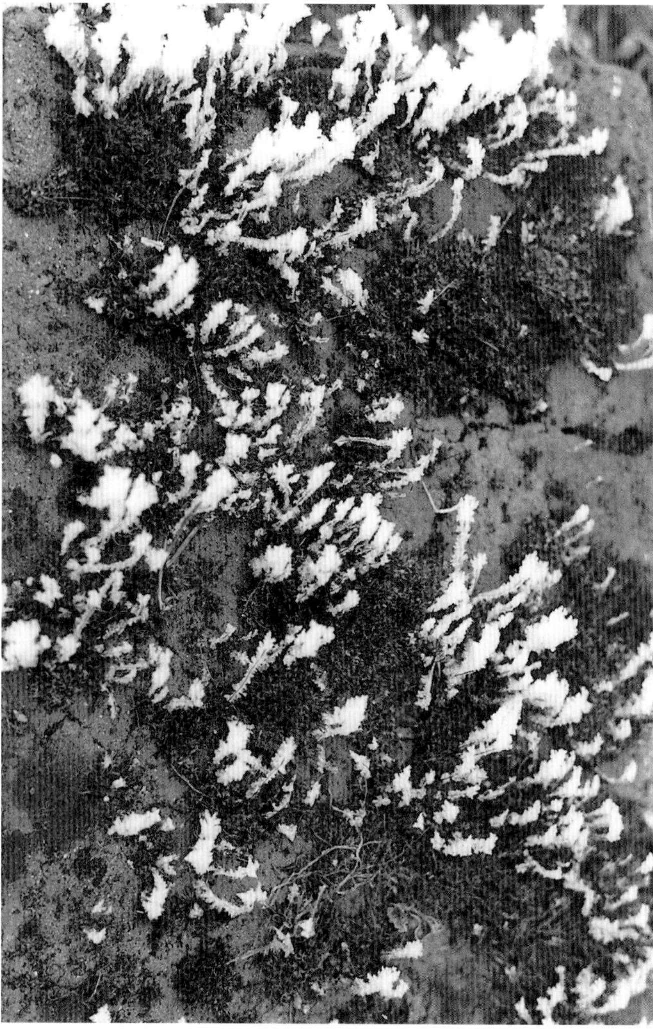

Anhang

Die folgende Version ist die Übersetzung des *Bhaddekaratta Gatha,* wie es im *Sutra vom Gott der heißen Waldquellen (Madhyamagama 165)*, dem *Shakyan Sutra (M 166)* und dem *Von Ananda gesprochenen Sutra (M 167)* zu lesen ist.

Grübele nicht über die Vergangenheit.
Sorge dich nicht um die Zukunft.
Die Vergangenheit ist tot.
Die Zukunft ist noch nicht da.
Was in der Gegenwart geschieht,
sollte eingehend betrachtet werden.
So leben die Weisen,
und sie weilen in Festigkeit und Freiheit.
Wenn einer die Lehren
der Weisen praktiziert,
warum sollte er dann den Tod fürchten?
Wenn wir dies nicht verstehen,
gibt es keinen Weg,
den großen Schmerz der letzten Gefahr
zu vermeiden.
Um Tag und Nacht eifrig zu üben,
sollte man das *Bhaddekaratta Gatha*
regelmäßig rezitieren.

Das folgende *Bhaddekaratta Gatha* findet sich in der Übersetzung des *Sutra der großen Verehrung,* das unter Nr. 77 im revidierten *Taisho Tripitaka* zu finden ist:

Nicht über Vergangenes nachdenkend,
nichts in der Zukunft suchend –
die Vergangenheit ist ja bereits gestorben,
die Zukunft liegt ja nicht in unserer Hand –
sollten wir das,
was im gegenwärtigen Augenblick ist,
tief schauend wahrnehmen
und kontemplieren.
Wer den Weg der Weisen
ohne Unterlaß übt,
hat erwachtes Verstehen.
Eifrig übend,
ohne zu schwanken,
und von Sorge befreit,
was fürchtet er in der Stunde des Todes?
Wenn er nicht eifrig übt,
wie kann er den Tod und seine Armeen
überwinden?
Wir sollten wahrlich
nach diesem wunderbaren Gatha üben.

Anmerkungen

1 Vom *Lomasakangiya-Bhaddekaratta* gibt es noch eine zweite Übersetzung im chinesischen Kanon. Dabei handelt es sich um das *Sutra der Großen Ehrerbietung,* Nr. 77 im revidierten *Taisho Tripitaka.* Der Übersetzer ist Dharmapala (Truc Phap Ho) aus Yueh Chih (Indo-Scythia).

2 Meister Dharmapala hat *Bhaddekaratta* übersetzt mit *Xián Shàn. Xián* heißt »tugendhaft« oder »fähig«, *shàn* heißt »gut«, »gut in« oder »geschickt«. Diese beiden Wörter sind die Übersetzung von *bhadda* und *ratta.* Aber der Teil *eka,* »allein«, der zwischen *bhadda* und *ratta* liegt, wurde übergangen, obwohl er ganz wesentlich für die Bedeutung des zusammengesetzten Wortes ist.

3 *Madhyamagama* 167, entspricht dem *Ananda-Bhaddekaratta* im Pali Kanon.

Das Sutra der acht Verwirklichungen der grossen Wesen

Das Sutra

Von ganzem Herzen sollte ein Schüler des Buddha Tag und Nacht die acht Verwirklichungen rezitieren und darüber meditieren, wie sie von den *Mahasattvas,* den großen Wesen, entdeckt wurden.

Die erste Verwirklichung ist das Bewußtsein der Vergänglichkeit der Welt. Alle politischen Systeme werden irgendwann gestürzt; alle aus den vier Elementen[1] zusammengesetzten Dinge sind leer und enthalten die Samen des Leidens. Menschliche Wesen setzen sich aus den fünf *Skandhas*, den Seinszuständen[2], zusammen und haben kein unabhängig existierendes Selbst. Sie befinden sich in einem unablässigen Prozeß der Wandlung – werden ohne Unterlaß geboren und sterben ohne Unterlaß. Sie sind leer von einem Selbst, ohne Eigenständigkeit. Der Geist ist die Quelle aller Verwirrung, und der Körper ist der Nährboden allen unreinen Handelns. Wenn wir über diese Tatsachen meditieren, können wir allmählich Erlösung finden von *Samsara,* dem Kreislauf von Geburt und Tod.

Die zweite Verwirklichung ist das Bewußtsein, daß mehr Begehren mehr Leiden mit sich bringt. Alle Bedrängnisse des täglichen Lebens entstehen aus Gier und Begehren. Jene, die wenig Begehren und wenig Ehrgeiz empfinden, können sich entspannen, da ihre Körper und ihr Geist frei von Verstrickungen sind.

Die dritte Verwirklichung ist das Bewußtsein, daß der menschliche Geist stets auf der Suche nach Besitztümern ist und niemals Erfüllung findet. Dies führt dazu, daß unreines Handeln immer mehr Raum einnimmt. *Bodhisattvas* dagegen leben stets eingedenk des Grundsatzes, nur weniges zu begehren. Sie leben ein schlichtes Leben in Frieden, um den Weg zu praktizieren, und halten die Verwirklichung des vollkommenen Verstehens für ihre einzige Laufbahn.

Die vierte Verwirklichung ist das Bewußtsein, in welchem Ausmaß Trägheit ein Hindernis für die Praxis ist. Deshalb gilt es, uns strebend zu bemühen, um die schädlichen Objekte des Geistes zu zerstören, die uns binden, und um die vier Arten von *Mara*[3] zu überwinden, um uns selbst aus dem Gefängnis der fünf Seinszustände und der drei Welten[4] zu befreien.

Die fünfte Verwirklichung ist das Bewußtsein dessen, daß Nichtwissen den endlosen Kreislauf von Geburt und Tod in Gang hält. Deshalb sind *Bodhisattvas* stets eingedenk, zuzuhören und zu lernen, um ihre Einsicht und ihre Redegewandtheit zu verbessern. So können sie andere Lebewesen unterrichten und sie ins Reich der großen Freude führen.

Die sechste Verwirklichung ist das Bewußtsein dessen, daß Armut Haß und Wut erschafft, die wiederum einen Teufelskreis von negativen Gedanken und Aktivitäten erschaffen. In ihrer Praxis der Großzügigkeit betrachten die *Bodhisattvas* jeden gleich, Freund wie Feind. Sie verdammen niemandes vergangene Übertretungen und Fehler, noch hassen sie jene, die gegenwärtig Schaden anrichten.

Die siebte Verwirklichung ist das Bewußtsein, daß die fünf Arten von Begehren[5] uns in Schwierigkeiten bringen. Obwohl wir in der Welt sind, sollten wir doch versuchen, uns nicht in weltlichen Angelegenheiten zu verlieren. Ein Mönch besitzt nur drei Gewänder und eine Schale. Sein Lebensstil ist schlicht, damit er den Weg praktizieren kann. Seine Gebote halten ihn frei von Verhaftungen an weltliche Dinge, und er behandelt alle gleich und mit Mitgefühl.

Die achte Verwirklichung ist das Bewußtsein, daß das Feuer von Geburt und Tod lodert und überall endloses Leiden verursacht. Wir sollten das große Gelöbnis ablegen, allen Geschöpfen zu helfen, das Leiden aller Geschöpfe mitzuempfinden und alle Geschöpfe zum Reich der großen Freude zu geleiten.

Diese acht Verwirklichungen wurden von den großen Wesen entdeckt, von Buddhas und *Bodhisattvas*, die in stetem Bemühen den Weg des Mitgefühls und Verstehens praktizierten. Sie sind mit dem Boot des *Dharmakaya*[6] an die Küste von *Nirvana*[7] gelangt; von dort aber kehren sie zurück in die gewöhnliche Welt, nachdem sie die fünf Begehren hinter sich gelassen und ihren Geist und ihre Herzen auf den edlen Weg ausgerichtet haben, wobei sie mit Hilfe dieser acht Verwirklichungen allen Geschöpfen helfen, das Leiden in dieser Welt zu erkennen. Wenn die Schüler des Buddha diese acht Verwirklichungen rezitieren und über sie meditieren, werden sie unzähligen Mißverständnissen und Schwierigkeiten ein Ende setzen und auf dem Weg zur Erleuchtung weiter voranschreiten, die Welt von Geburt und Tod hinter sich lassend, für immer in Frieden weilend.

Kommentar

Der Ursprung des Sutra

Das Sutra wurde von dem parthianischen Mönch An Shih Kao (vietnamesisch: An The Cao) im Lo-Yang-Zentrum in China während der späten Han Dynastie (140 bis 117 n. Chr.) aus dem Pali ins Chinesische übersetzt. Es ist nicht sicher, ob die Pali-Version noch existiert. Die Form dieses Sutra, wie sie uns von damals überliefert ist, ist eine Zusammenfassung mehrerer kleinerer Arbeiten, so wie das *Sutra der Zweiundvierzig Kapitel* und das *Sutra der sechs Paramitas*. Dieses Sutra ist sowohl mit der Tradition des Mahayana als auch mit der des Theravada vollkommen in Einklang.

Jeder der acht besprochenen Absätze kann Meditationsgegenstand sein, und jedes dieser Themen kann noch weiter unterteilt werden. Obwohl die Form des Sutra einfach ist, ist sein Inhalt außerordentlich tiefgründig und wunderbar. *Das Sutra der acht Verwirklichungen der großen Wesen* ist keine analytische Abhandlung, sondern ein praxisbezogener und wirksamer Leitfaden für die Meditation.

Der Inhalt des Sutra

Das Sutra der acht Verwirklichungen der großen Wesen enthält elf wesentliche Meditationsthemen. Ich werde diese Themen gemeinsam mit den acht Verwirklichungen besprechen.

1. Die erste Verwirklichung erläutert und verdeutlicht die vier grundlegenden Themen buddhistischer Meditation: (a) Vergänglichkeit, (b) Leiden, (c) Nicht-Selbst und (d) Unreinheit. Wir müssen dieser vier Prinzipien der Realität ohne Unterlaß eingedenk sein und über sie meditieren. Wie in dem Sutra erwähnt, erlangt jemand, der über diese Tatsachen meditiert, allmählich Befreiung von *Samsara*, dem Kreislauf von Geburt und Tod.

a) Vergänglichkeit – die vergängliche Natur aller Dinge: Von Augenblick zu Augenblick befinden sich alle Dinge dieser Welt, einschließlich des menschlichen Lebens, der Berge und Flüsse und der politischen Systeme in ständigem Wandel. Dies heißt: jeder Augenblick unterliegt der Vergänglichkeit. Alles durchläuft eine Phase der Geburt, der Reife, des Wandels und der Zerstörung. Diese Zerstörung wird in jedem Zyklus Vergänglichkeit genannt. Um die vergängliche Natur aller Dinge zu erkennen, müssen wir genau hinsehen. Wenn wir dies tun, wird uns das davor bewahren, von den Dingen dieser Welt gefangengehalten zu werden.

b) Leiden – die Leerheit aller Dinge: Den alten Indern zufolge setzen sich alle Dinge aus vier Elementen zusammen: Erde, Luft, Wasser und Feuer. Buddhas und *Bodhisattvas*, die dies anerkennen, verstehen, daß es Frieden gibt, wenn zwischen diesen vier Elementen eine harmonische Beziehung herrscht. Wenn die vier Elemente nicht in Harmonie miteinander sind, dann ist Leiden die Folge.

Weil alle Dinge durch eine Kombination dieser Elemente geschaffen sind, kann nichts selbständig oder dauernd existieren. Alle Dinge sind vergänglich. Das heißt, wenn wir uns in den Dingen dieser Welt verstricken, leiden wir unter ihrer Vergänglichkeit. Und da alle Dinge leer sind, leiden wir auch unter ihrer Leerheit, wenn wir ihnen verhaftet sind. Das Bewußtsein der Existenz des Leidens führt uns dazu, mit der Praxis des Weges der Verwirklichung zu beginnen. Dieses Leiden ist die erste der vier Edlen Wahrheiten[8]. Wenn wir das Bewußtsein der Existenz des Leidens in allen Dingen verlieren und nicht darüber meditieren, kann es leicht geschehen, daß wir von Leidenschaften und Begehren nach weltlichen Dingen hin und her gerissen werden und unser Leben in der Suche nach Erfüllung dieser Begehren immer mehr zerstören. Nur indem wir uns des Leidens bewußt sind, können wir seine Ursache finden, uns ihm direkt stellen und es auflösen.

c) Nicht-Selbst – die Natur unserer Körper: Der Buddhismus lehrt, daß menschliche Wesen sich aus fünf Seinszuständen zusammensetzen, die im Sanskrit *Skandhas* heißen. Wenn die von den vier Elementen geschaffene Form leer und ohne Selbst ist, dann müssen auch menschliche Wesen, die durch Zusammenspiel der fünf *Skandhas* erschaffen werden, ebenfalls leer und ohne Selbst sein. Menschliche Wesen sind von Sekunde zu Sekunde, von Minute zu Minute einem Wandlungsprozeß unterworfen und erleben in jedem Augenblick ohne Unterlaß Vergänglichkeit. Wenn wir sehr tief in das Wesen der fünf *Skandhas* schauen, können wir die selbstlose Natur unserer Körper, unser Durchleben von Geburt und Tod und die Leere erfahren; dabei zerstören wir die Illusion, daß unsere Körper unvergänglich sind. Im Buddhismus ist Nicht-Selbst das wichtigste Meditationsthema. Wenn wir über Nicht-Selbst meditieren, können wir die Barriere zwischen dem Selbst und den anderen durchbrechen. Wenn wir nicht länger vom Universum getrennt sind, entsteht eine Existenz, die in vollkommener Harmonie mit dem Universum ist. Wir sehen, daß alle anderen menschlichen Wesen in uns existieren und daß wir in allen anderen menschlichen Wesen existieren. Wir sehen, daß die Vergangenheit und die Zukunft im gegenwärtigen Augenblick enthalten sind, und wir können den Kreislauf von Geburt und Tod durchbrechen und vollkommene Befreiung davon finden.

Die moderne Naturwissenschaft hat ja ebenfalls die Wahrheit der selbst-losen Natur aller Dinge entdeckt. Der Ansatz des britischen Biologen Lyall Watson zum Beispiel entspricht ganz genau dem Prinzip der abhängigen Entstehung und des Nicht-Selbst. Naturwissenschaftler, die unablässig über die selbst-lose Natur ihrer eigenen Körper und ihres eigenen Geistes meditieren, sowie über die selbst-lose Natur aller Dinge, werden eines Tages leicht Erleuchtung erlangen.

d) Unreinheit – die Natur unseres Körpers und unseres Geistes: Unreinheit bedeutet Abwesenheit eines unbefleckten Seinszustandes: eines Seinszustandes, der weder heilig noch schön ist. Vom psychologischen und physiologischen Standpunkt sind menschliche Wesen unrein. Das ist weder negativ noch pessimistisch, sondern eine objektive Sichtweise menschlicher Wesen. Wenn wir die Bestandteile unseres Körpers betrachten, von den Haaren auf unserem Kopf bis zu Blut, Eiter, Schleim, den Exkrementen, dem Urin, den vielen in unserem Darm angesiedelten Bakterien und den vielen Krankheiten, die nur auf eine Gelegenheit warten, sich zu entwickeln, können wir deutlich sehen, daß unsere Körper ziemlich unrein sind und dem Verfall unterliegen. Unsere Körper schaffen auch die Motivation, nach der Befriedigung unserer Begehren und Leidenschaften zu streben. Deshalb betrachtet das Sutra den Körper als den Ort, von dem Übertretungen ausgehen.

Betrachten wir nun unseren psychologischen Zustand. Wenn wir nicht in der Lage sind, die Wahrheit der Vergänglichkeit, des Leidens und der selbst-losen Natur aller Dinge zu sehen, wird unser Geist häufig Opfer von Gier und Haß, und wir handeln unrecht. Daher heißt es im Sutra: »Der Geist ist die Quelle aller Verwirrung.«

2. »Mehr Begehren schafft mehr Leid«: Aus dieser Erkenntnis ergibt sich die zweite Verwirklichung. Die meisten Menschen definieren Glück als Befriedigung all ihrer Begehren. Es gibt fünf Arten von Begehren[9]. Diese Begehren sind grenzenlos, während unsere Fähigkeit, sie zu erfüllen, begrenzt ist; und unerfüllte Begehren führen immer zu Lei-

den. Wenn Begehren nur teilweise erfüllt sind, streben wir weiterhin nach ihrer vollständigen Erfüllung und legen so den Grund für weiteres Leiden. Selbst wenn ein Begehren erfüllt ist, leiden wir, wenn es nicht weiterhin erfüllt wird. Erst wenn wir völlig erschöpft sind durch dieses unablässige Streben, erkennen wir langsam, in welchem Ausmaß wir im unersättlichen Netz unserer Begehren und Leidenschaften gefangen sind. Dann können wir erkennen, daß wirkliches Glück eigentlich ein friedvoller Zustand von Geist und Körper ist, und diesen kann es nur geben, wenn wir nur wenig begehren. Nur wenige Begehren zu haben und nicht nach Erfüllung der fünf Begehren zu trachten, sind große Schritte im Hinblick auf Befreiung.

3. Das Wissen darum, wie wir mit wenig Besitz ein zufriedenes Leben führen können, zerstört Begehren und Gier. Das heißt: mit materiellen Umständen zufrieden sein, die es uns erlauben, gesund und stark genug zu sein, den Weg zu praktizieren. Das ist ein wirksamer Weg, das Netz der Leidenschaften und Begehren zu durchschneiden, einen friedvollen Zustand von Körper und Geist zu erreichen, mehr Zeit zu haben, anderen zu helfen, und frei zu sein, das höchste Ziel zu erreichen: die Entwicklung von Konzentration und Verstehen, um die Verwirklichung zu erreichen. Das Wissen darum, wie wir uns mit wenig Besitz zufrieden fühlen können, hilft uns, unnötige Käufe zu vermeiden und damit nicht länger Teil eines Wirtschaftssystems zu sein, das andere ausbeutet. Gleichzeitig ermöglicht es uns auch, unsere Beteiligung an der Umweltverschmutzung zu verringern.

4. Strebendes Bemühen überwindet Trägheit. Nachdem wir nicht mehr in Begehren und Leidenschaft nach Freude suchen und wissen, wie wir uns mit wenig Besitz zufrieden fühlen, dürfen wir nicht träge sein und die Tage und Monate nachlässig verstreichen lassen. Wir brauchen unablässig große Geduld und viel Fleiß, unsere Konzentration und unser Verstehen in dem Bemühen um Selbst-Verwirklichung zu entwickeln. Wir müssen all unsere Zeit darauf verwenden, über die vier Wahrheiten der Vergänglichkeit, des Leidens, des Nicht-Selbst und der Unreinheit zu meditieren; dies sind die ersten vier Meditationsthemen. Wir müssen gründlich in die tiefe Bedeutung der vier Grundlagen der Achtsamkeit[10] eindringen, indem wir über die Seinszustände und Zyklen (Werden, Reife, Wandlung und Verfall) unserer Körper sowie über unsere Gefühle, Wahrnehmungen, Objekte des Geistes und unser Bewußtsein meditieren und sie studieren. Wir sollten Sutren und andere Schriften lesen, die uns Meditation erklären – richtiges Sitzen und Atembeherrschung – wie das *Satipatthana Sutta* und das *Maha Prajna Paramita Herzsutra*. Wir müssen den Lehren dieser Sutren folgen und sie auf intelligente Art praktizieren, indem wir die Methoden auswählen, die für unsere eigene Situation am geeignetsten sind. Je nach Erfordernis können wir die vorgeschlagenen Methoden abwandeln, um sie unseren eigenen Bedürfnissen anzupassen. Auch muß unsere Energie reguliert werden, bis alle grundlegenden Begehren und Leidenschaften – Gier, Wut, Unwissenheit, Überheblichkeit, Argwohn und Vorurteile – entwurzelt sind. Dann werden wir wissen, daß unsere Körper und unser Geist aus dem Gefängnis von Geburt und Tod, den fünf *Skandhas* und den drei Welten befreit sind.

5. Konzentration und Einsicht zerstören Unwissenheit. Unter den grundlegenden Begehren und Leidenschaften ist Unwissenheit die am tiefsten verwurzelte. Wenn diese Wurzeln gelockert sind, dann sind auch all die anderen Begehren und Leidenschaften – Gier, Wut, Überheblichkeit, Argwohn und Vorurteile – entwurzelt. Wenn wir dies wissen, können wir uns bemühen und über die Wahrheiten der Vergänglichkeit, des Nicht-Selbst und der einander bedingenden Entstehung aller Dinge meditieren. Wenn die Wurzeln des Nichtwissens erst einmal durchtrennt sind, können wir nicht nur uns selbst befreien, sondern auch andere lehren, aus dem Gefängnis von Geburt und Tod auszubrechen.

Die ersten vier Meditationsgegenstände sollen uns selbst helfen, Befreiung zu erlangen. Die nächsten vier Themen zielen darauf ab, anderen dabei zu helfen, Befreiung zu erlangen; damit wird ganz deutlich buddhistisches Gedankengut der Traditionen des Theravada und des Mahayana vereinigt.

6. Wenn wir Großzügigkeit praktizieren, sollten wir jeden als gleichwertig betrachten. Einige Menschen glauben, sie könnten nur dann Großzügigkeit praktizieren, wenn sie wohlhabend sind. Das stimmt nicht. Es gibt Menschen, die sehr reich sind und tatsächlich Großzügigkeit üben, aber viele geben Almosen nur mit dem Ziel, Verdienste oder Gewinn zu erwerben oder anderen zu gefallen. Menschen, deren Leben in Mitgefühl begründet ist, sind selten reich, weil sie alles, was sie haben, mit anderen teilen. Sie sind nicht gewillt, sich finanziell auf Kosten anderer zu bereichern. Viele Menschen mißverstehen den buddhistischen Ausdruck »Großzügigkeit praktizieren« und glauben, es bedeute, einem Bettler auf der

Straße mal eben zehn Pfennig oder eine Mark zu geben. Dabei ist die Praxis der Großzügigkeit etwas ungleich Schöneres. Sie ist sowohl bescheiden als auch großartig.

Großzügigkeit praktizieren bedeutet, so zu handeln, daß das Gefälle zwischen den Wohlhabenden und den Verarmten vermindert wird. Was immer wir tun, um menschliches Leiden zu lindern und soziale Gerechtigkeit zu schaffen, kann als Übung der Großzügigkeit betrachtet werden. Das heißt nicht, daß wir innerhalb irgendeines politischen Systems aktiv werden müssen. Uns an parteigebundenen politischen Aktionen zu beteiligen, die zu einem Machtkampf zwischen gegnerischen Parteien und zu Tod und Zerstörung führen, ist nicht das, was wir mit »Großzügigkeit praktizieren« meinen. »Großzügigkeit praktizieren« ist das erste der sechs *Paramitas*[11]. *Paramita* heißt, anderen dabei zu helfen, das andere Ufer zu erreichen, das Ufer der Befreiung von Krankheit, Armut, Hunger, Nichtwissen, Begehren und Leidenschaften sowie Geburt und Tod.

Wie kann ein Mensch, der übt zu »wissen, wie man mit wenig Besitz ein zufriedenes Leben führen kann« gleichzeitig »Großzügigkeit praktizieren«? Indem er oder sie ein einfaches Leben führt. Fast jeder, der sein Leben damit verbringt, anderen zu dienen und ihnen zu helfen, der sich für die Menschheit opfert, führt ein einfaches Leben. Wenn sie ihr Leben damit verbringen, sich darum zu sorgen, wie sie zu Geld und Verdiensten kommen, wie können sie dann »Großzügigkeit praktizieren«? Mahatma Gandhi führte ein sehr einfaches Leben; nichtsdestoweniger war sein Verdienst, der Menschheit zu helfen und Menschen zu retten, unschätzbar. Es gibt Tausende von Menschen unter uns, die sehr einfach leben und gleichzeitig doch vielen, vielen anderen eine große Hilfe sind. Sie sind nicht so berühmt wie Gandhi, aber ihr Verdienst steht seinem in nichts nach. Es genügt schon, wenn wir der Existenz solcher Menschen mehr eingedenk und ein wenig bewußter sind. Sie praktizieren nicht Großzügigkeit, indem sie Geld geben, das sie nicht besitzen, sondern indem sie ihre Zeit, Energie, Liebe und Zuwendung – ihr ganzes Leben – hingeben.

Im buddhistischen Kontext heißt »Großzügigkeit praktizieren« niemanden abzuwerten, zu diskriminieren. Obwohl es unter den Armen und Mittellosen sowohl grausame als auch großherzige Menschen gibt, dürfen wir die grausamen von unserer Praxis nicht ausschließen. Weil Armut Wut und Haß bringen kann, sind arme Menschen anfällig für das Böse. Im Sutra heißt es: »*Bodhisattvas* betrachten jeden, Freund wie Feind, als gleich. Sie verdammen niemandes vergangene Übertretungen, noch hassen sie selbst jene, die gegenwärtig Böses tun.« Das ist der Geist des Mahayana Buddhismus. Armut kann Wut, Haß und Übertretungen erschaffen. Wenn wir buddhistische Philosophie in Vorträgen lehren, jedoch nicht Großzügigkeit üben, um das Leiden anderer Menschen zu lindern, haben wir die Essenz des Buddhismus noch nicht erreicht. Wir sollten Großzügigheit mit Mitgefühl und ohne Verachtung üben, ohne Menschen zu diskriminieren, die wegen ihrer Armut Wut und Haß verbreiten.

7. Während wir in der Gesellschaft leben, sollten wir uns jedoch nicht von ihr verderben lassen. Wir müssen lernen, mit der Gesellschaft in Harmonie zu leben, um anderen zu helfen, ohne uns in den fünf Begehren zu verfangen; wie

die Lotusblume, die aus dem Schlamm erblüht und doch rein und unbefleckt bleibt, müssen wir sein. Den Weg der Befreiung praktizieren heißt nicht, sich von der Gesellschaft abzusondern, sondern in ihr helfend tätig zu sein. Bevor unsere Fähigkeit zu helfen stark und unerschütterlich geworden ist, kann es geschehen, daß uns das Leben in der Gesellschaft verdirbt. Aus diesem Grund meditieren *Bodhisattvas* über die schädliche Natur der fünf Begehren und fassen den festen Entschluß, ein einfaches Leben zu führen, um Großzügigkeit ohne Diskriminierung zu üben. In der Gesellschaft leben und nicht von ihr befleckt werden heißt also, die sechs *Paramitas* praktizieren.

8. Wir sollten für uns den Entschluß fassen, anderen zu helfen. Wir müssen ein feierliches Gelübde ablegen, die Schwierigkeiten, die Gefahren und das Leiden zu überwinden, die entstehen können, während wir anderen helfen. Da das Leiden in der Gesellschaft grenzenlos ist, muß auch die Bereitschaft und Hingabe, den Weg des Dienstes an den anderen zu praktizieren, grenzenlos sein. So ist der Geist des Mahayana eine unendliche Quelle von Energie, die uns inspiriert, Großzügigkeit ohne Diskriminierung zu üben. Im Geiste des Mahayana ruhend, können wir den vielen Herausforderungen und Demütigungen widerstehen, mit denen wir in der Gesellschaft konfrontiert werden, und sind in der Lage, den Weg weiterhin zu praktizieren. Damit werden wir andere Menschen sehr glücklich machen. Nur der Geist des Mahayana kann uns helfen, die folgenden Themen, die von *Po Lun San Mei Lu* (vietnamesisch: *Bao Vuong Tam Muoi Sastra*) gelehrt werden, zu verwirklichen:

1. Wenn du über den Körper meditierst, hoffe weder noch bitte darum, von Krankheit verschont zu bleiben. Ohne Krankheit können Begehren und Leidenschaften nur allzu leicht aufsteigen.
2. Wenn du in der Gesellschaft handelst, hoffe weder noch bitte darum, von Schwierigkeiten verschont zu bleiben. Ohne Schwierigkeiten kann leicht Arroganz entstehen.
3. Wenn du über den Geist meditierst, hoffe weder noch bitte darum, nicht mit Hemmnissen konfrontiert zu werden. Ohne Hemmnisse wird dein gegenwärtiges Wissen nicht herausgefordert oder erweitert.
4. Wenn du arbeitest, hoffe weder noch bitte darum, nicht auf Hindernisse zu stoßen. Angesichts deiner eigenen Hindernisse wird sich das Gelübde, anderen zu helfen, noch vertiefen.
5. Wenn du Pläne machst, hoffe weder noch bitte darum, leichten Erfolg zu haben. Wenn der Erfolg dir in den Schoß fällt, kann leicht Überheblichkeit aufsteigen.
6. Wenn du mit anderen zu tun hast, hoffe weder noch bitte darum, einen persönlichen Gewinn daraus zu ziehen. Die Hoffnung auf persönlichen Gewinn mindert den spirituellen Gehalt der Begegnung.
7. Wenn du mit anderen sprichst, hoffe weder noch bitte darum, daß niemand dir widerspricht. Ohne Widerspruch kann Selbstgerechtigkeit gedeihen.
8. Wenn du anderen hilfst, hoffe weder noch bitte darum, dafür bezahlt zu werden. Die Hoffnung auf Belohnung verunreinigt die helfende Handlung.

9. Wenn du in einer Handlung einen persönlichen Gewinn siehst, beteilige dich nicht daran. Selbst die geringste Beteiligung wird Begehren und Leidenschaften aufrühren.

10. Wenn du zu Unrecht angeklagt wirst, versuche nicht, dich selbst zu entlasten. Der Versuch, dich zu verteidigen, wird unnötige Wut und Feindseligkeit hervorrufen.

11. Der Buddha sprach von Krankheit und Leiden als wirksamen Arzneien; von schweren und mißlichen Zeiten als Zeiten der Freiheit und der Verwirklichung; von Hindernissen als Befreiung; von der Armee des Bösen als Wächter des Dharma; von Schwierigkeiten als etwas, das zum Erfolg nötig ist; von den Menschen, die uns schlecht behandeln, als unseren guten Freunden; von unseren Feinden als von Obstbäumen oder Gärten; von dem Akt, jemandem einen Gefallen zu tun, als ebenso niedrig, wie ein Paar alte Schuhe fortwerfen; von dem Loslassen materiellen Besitzes als Reichtum; und von zu Unrecht angeklagt werden als Quelle der Kraft, für Gerechtigkeit zu arbeiten.

Zu dem Absatz, in dem die acht Verwirklichungen erläutert werden, sollte noch angemerkt werden, daß die Praxis des Mahayana Buddhismus der sechs *Paramitas* in diesem Sutra enthalten ist:

1. Paramita – geben = sechste Verwirklichung
2. Paramita – die Gebote befolgen = zweite, dritte, siebte Verwirklichung

3. Paramita – strebendes Bemühen = vierte Verwirklichung
4. Paramita – Ausdauer = achte Verwirklichung
5. Paramita – Konzentration = erste Verwirklichung
6. Paramita – Weisheit = fünfte Verwirklichung

Stil Inhalt und Aufbau des *Sutra der acht Verwirklichungen der großen Wesen* sind folgerichtig und logisch. Es ist ein sehr praxisorientiertes und prägnantes Sutra. Aber der vorliegende Kommentar zu seinem Inhalt dient lediglich als erste Orientierung. Um den vollen Gewinn aus diesem Sutra zu ziehen, müssen wir seine Lehren auch praktizieren und befolgen.

Die Praxis und Befolgung des Sutra

Zur Praxis und Befolgung des *Sutra der acht Verwirklichungen der großen Wesen* wähle eine Zeit, zu der dein Körper und dein Geist vollkommen entspannt sind, zum Beispiel, nachdem du ein entspannendes Bad genommen hast. Du kannst zuerst etwas Räucherwerk anzünden, damit das Zimmer angenehm duftet. Nimm dann das Sutra zur Hand und lies es langsam, damit du tief in seine Bedeutung eindringen kannst. Setze die Worte des Sutra in Beziehung zu deinen eigenen Lebenserfahrungen. Denn es ist durch deine eigene Lebenserfahrung, daß du den Inhalt eines Sutra verstehen kannst, und nicht durch die Erläuterung, die jemand anders dir dazu gibt.

Jedes Mal, wenn du meditierst, untersuche jeden Gegenstand des Sutra eingehend. Je mehr du über jedes Thema meditierst, desto tiefer wirst du in die tiefgründige Weisheit eindringen, die in dem Sutra enthalten ist. Es ist auch hilfreich, noch andere Sutren zu lesen, zum Beispiel das *Anapanasati Sutta der Atemachtsamkeit* und das *Satipatthana Sutta*. Beide sind tiefgründige und prägnante Werke, die sich mit dem *Sutra der acht Verwirklichungen* gut ergänzen. Die beiden genannten Sutren enthalten in praxisnahem Detail Anweisungen, wie du dich Schritt für Schritt der Verwirklichung annähern kannst. Wenn du die Methode, deinem Atem zu folgen und ihn zu entspannen, wie sie in diesen beiden Sutren beschrieben ist, mit Meditation über die elf Themen, wie sie im *Sutra der acht Verwirklichungen der großen Wesen* beschrieben sind, verbindest, wirst du dein Ziel, die Natur deines eigenen Selbst zu verwirklichen, leicht erreichen.

Nachwort

Der Inhalt des *Sutra der acht Verwirklichungen der großen Wesen* entspringt sowohl der Sichtweise des Mahayana als auch der des Theravada Buddhismus. Bitte halte dieses Sutra in Ehren. Als ich siebzehn und in meinem ersten Jahr als Novize in einem buddhistischen Kloster war, mußte ich es studieren und auswendig lernen. So konnte ich die Bedeutung des Sutra leicht mit der Meditationstechnik des Atemzählens verbinden. Nun sind 44 Jahre vergangen, und dieses Sutra ist noch immer eine unschätzbare Fackel, die meinen Weg erhellt. Heute nun kann ich es an dich weitergeben. Ich bin diesem tiefen Sutra sehr dankbar. Ich lege meine Hände aneinander und rezitiere voller Ehrerbietung: »Ich preise das kostbare *Sutra der acht Verwirklichungen der großen Wesen.*«

1978 bat ich den La Boi Verlag, dieses Sutra herauszugeben, um für die Bootsflüchtlinge, die während der drei vorangegangenen Jahre im Südchinesischen Meer und im Golf von Siam ertrunken waren, und auch für jene, die das Glück gehabt hatten, zu überleben, zu beten, daß sie irgendwo ein neues Zuhause finden könnten. 1987 bat ich den Verlag Parallax Press, eine englische Ausgabe herauszugeben, um dieses Sutra für westliche Leser und für Flüchtlinge im Westen zugänglich zu machen.

Die vietnamesische Ausgabe dieses Buches wurde 1978 von Thich Nhât Hanh geschrieben, während er ein Projekt zur Rettung von Bootsflüchtlingen durchführte.

Anmerkungen

1 Erde, Luft, Wasser, Feuer

2 Körper, Gefühle, Wahrnehmungen, Objekte des Geistes, Bewußtsein

3 schädliche Objekte des Geistes, fünf Skandhas, Tod, Zerstreuungen (z. B. Phantasien oder Vergessen)

4 Begehren und Leidenschaft, Form (ohne Begehren und Leidenschaft), Formlosigkeit (rein geistige Funktionen)

5 Wohlhabend sein, schön sein, ehrgeizig sein, Genuß am Essen finden, träge sein

6 der Körper der Lehre des Erwachens

7 Befreiung von Geburt und Tod

8 Leiden, die Ursache des Leidens, das Ende des Leidens, der Achtfache Pfad

9 siehe Anmerkung 5

10 die Achtsamkeit auf den Körper im Körper; auf die Gefühle in den Gefühlen; auf den Geist in dem Geist; auf die Objekte des Geistes in den Objekten des Geistes

11 Geben, die Gebote befolgen, strebendes Bemühen, Ausdauer, Konzentration, Weisheit

John O'Donohue im dtv

John O'Donohue nimmt uns mit in die spirituelle Welt der Kelten auf eine intime Reise zu uns selbst

Anam Ċara
Das Buch der keltischen Weisheit
dtv premium 24119

Anam ist das gälische Wort für Seele, Ċara heißt Freund. Anam Ċara bedeutet nach keltischem Verständnis also »Seelenfreund«. Die Kelten besaßen eine tiefe Einsicht in das Wesen der Liebe und der Freundschaft, die zwei Menschen auf unzertrennliche Weise verband. John O'Donohue enthüllt in diesem Buch keltische Geheimnisse, die die Leser in unserer hektischen Zeit in harmonischen Einklang mit der Welt bringen und das Leben reicher machen.

Echo der Seele
Von der Sehnsucht nach Geborgenheit
dtv premium 24180

Irgendwo, tief in unserem Innern, lebt die Sehnsucht. Es ist die Sehnsucht nach Liebe, Geborgenheit und Zugehörigkeit. Noch nie war der Hunger nach Zugehörigkeit so quälend wie heute. Die Geborgenheit, die wir in der Zugehörigkeit erfahren, schenkt uns Kraft; sie bestätigt in uns eine Stille und Gewissheit des Herzens. Sie befähigt uns, äußeren Druck und Verwirrung zu ertragen, und sie versichert uns des Bodens, auf dem wir stehen.

Dieses Buch ist »eine eloquente Meditation über die Kunst des Lebens. Es ist eine Schatzgrube für Leser aller Glaubensrichtungen.«
Publisher's Weekly

Östliche Weisheit für unser westliches Denken

Die heilende Kraft der Gefühle

Gespräche mit dem Dalai Lama über Achtsamkeit, Emotion und Gesundheit
Herausgegeben von Daniel Goleman
dtv premium 24120

Eine einzigartige Ost-West-Begegnung – ein Dialog zwischen Wissenschaft und Weisheit. Daniel Goleman und andere prominente Wissenschaftler im Gespräch mit dem Dalai Lama über die heilende Kraft der Gefühle.

Wer den Bogen beherrscht

Der Buddhismus
Von Karl-Heinz Golzio
dtv 36061

Dieses Buch über den Buddhismus will Wissenslücken schließen und Vorurteile ausräumen. Der Indologe Karl-Heinz Golzio gibt hierzu eine fundierte Einführung in Geschichte und Erscheinungsformen dieser großen, fast zweieinhalb Jahrtausende alten Religion und läßt dabei ein sehr authentisches Bild einer interessanten, uns fremden Welt entstehen.

Mit dem Drachen fliegen

Ruhe und Klarheit durch Buddhismus und Meditation
Von Rob Nairn
dtv 36070

Rob Nairn bietet eine kurze und klar verständliche Einführung in Buddhismus und Meditation. Alle wichtigen Begriffe werden erklärt, und es wird mit drei einfachen, wirkungsvollen Techniken der sogenannten Einsichtsmeditation vertraut gemacht. Für uns westlich geprägte Menschen ein zeitgemäßer Zugang zur spirituellen Welt des Buddhismus und Anregungen, den Alltag besser zu bewältigen.

Fit durch gesunde Ernährung

Dr. med. K. H. Cooper
Die neuen Gesundmacher. Antioxidantien
Das Ernährungs- und Fitneßprogramm gegen freie Radikale
dtv 36548

Dr. med. Sigrid Das
Entgiften und Entschlacken
Die Abwehrkräfte stärken und die natürliche Selbstreinigung des Körpers aktivieren
dtv 36516

Heilfasten
Die Buchinger-Methode
Der natürliche Weg zu körperlicher und seelischer Gesundheit
Hrsg. von Maria Buchinger
dtv 36504

Dr. med. Harald Kinadeter
Gesund mit Vitaminen
Der tägliche Vitaminbedarf zum Schutz vor Krankheiten und Umwelteinflüssen
dtv 36512

Handbuch der gesunden Ernährung
Von Ahornsirup bis Zusatzstoffe
Von Franz Binder und Josef Wahler
dtv 36006

Marianne Kaltenbach
Vegetarisch für Gourmets
Über 300 Rezepte rund ums Jahr · dtv 36137

Claus Leitzmann, Maike Groeneveld
Gesundheit kann man essen
Bioaktive Stoffe in Lebensmitteln
dtv 36031

Michel Montignac
Essen gehen und dabei abnehmen
dtv 36524

Michel Montignac
Ich esse um abzunehmen
Die Methode Montignac
CD-ROM
dtv 52101

Entspannung für Körper und Geist

Dr. Bernt Hoffmann
Handbuch Autogenes Training
Grundlagen, Technik, Anwendung
dtv 36004

Ray Ridolfi, Susanne Franzen
Das große Shiatsu-Handbuch für Frauen
Mit Zeichnungen von Peter Cox
dtv 36065

Rob Nairn
Mit dem Drachen fliegen
Ruhe und Klarheit durch Buddhismus und Meditation
dtv 36070

Cai Pfannstiel
Der Sonnengruß
Mit Yoga den Tag beginnen
Mit Fotos von Margret Uhrmeister
dtv 36071

Arthur Sokoloff
Die Kraft der Gelassenheit
Fernöstliche Weisheiten für einen streßfreien Alltag
dtv 36090

Bob Anderson
Stretching im Büro
Fit und entspannt an Computer und Schreibtisch
Mit Zeichnungen von Jean Anderson
dtv 36096

Ayya Khema
Meditation ohne Geheimnis
dtv 36138

Drukpa Rinpoche
Tibetische Weisheiten
Herausgegeben von Jean Paul Bourre
Mit Fotos von Margret Uhrmeister und Peter Hinreiner
dtv 36143

Thich Nhât Hanh
Unsere Verabredung mit dem Leben
Buddhas Lehre vom Leben im gegenwärtigen Augenblick
Mit Fotos von Peter Hinreiner
dtv 36145

Deepak Chopra
Lerne lieben, lebe glücklich
Der Weg zur spirituellen Liebe · dtv 36170

Denkanstöße
Philosophie im dtv

dtv-Atlas Philosophie
dtv 3229

Michael Hauskeller
Geschichte der Ethik
Antike
dtv 30634
Mittelalter
dtv 30727

Martin Morgenstern
Robert Zimmer
HinterGründe
Die Philosophie und ihre Fragen
dtv 30709

Philosophie und Sex
Zeitgenössische Beiträge
Herausgegeben von Philipp Balzer und Klaus-Peter Rippe
dtv 30728

Bertrand Russell
Denker des Abendlandes
Eine Geschichte der Philosophie
dtv 30019

Eike von Savigny
Der Mensch als Mitmensch
Wittgensteins ›Philosophische Untersuchungen‹
dtv 4691

Max Scheler
Grammatik der Gefühle
Das Emotionale als Grundlage der Ethik
Herausgegeben von Paul Good
dtv 30770

Der Sinn des Lebens
Herausgegeben von Christoph Fehige, Georg Meggle und Ulla Wessels
dtv 30744

Peter F. Strawson
Analyse und Metaphysik
Eine Einführung in die Philosophie
dtv 4615

Richard Tarnas
Idee und Leidenschaft
Die Wege des westlichen Denkens
dtv 30715

Norbert Tholen
Kennen Sie Nietzsche?
dtv 30655

Wilhelm Weischedel
Die philosophische Hintertreppe
34 große Philosophen in Alltag und Denken
dtv 30020

Daniel Goleman im dtv

Drei Ratgeber zu einem Thema, das uns alle angeht:
die Wiedervereinigung von Herz und Verstand

EQ. Emotionale Intelligenz
dtv 36020

Wer Erfolg im Leben haben will, muss klug mit seinen Gefühlen umgehen können und das »emotionale Alphabet« beherrschen. »EQ statt IQ« heißt die neue, griffige Erfolgsformel, mit der Daniel Golemans internationaler Bestseller einen Nerv unserer Zeit trifft.

Kreativität entdecken
mit Paul Kaufman und Michael Ray
dtv 36136

Alle reden von Kreativität. Originelle Denker sind gefragt wie nie zuvor. Und wo sie auftauchen, machen sie von sich reden. Was ist ihr Geheimnis? Kreativität fällt nicht vom Himmel. Aber wir alle können lernen, die schlummernden Ideen in uns zu wecken.

Die heilende Kraft der Gefühle
Gespräche mit dem Dalai Lama über Achtsamkeit, Emotion und Gesundheit
dtv 36178

In einem spannenden Dialog zwischen westlichen Wissenschaftlern verschiedener Fachgebiete und dem Dalai Lama erfahren wir, wie die introspektiven Geisteswissenschaften des Ostens von bahnbrechenden Ergebnissen der experimentellen Naturwissenschaften des Westens bestätigt werden. Die westlichen Wissenschaftler erkennen, dass der Buddhismus wirkungsvolle, praktische Methoden besitzt, die Macht der Emotionen als Heilmittel einzusetzen.